den BACKVORGANG

SAUERTEIG

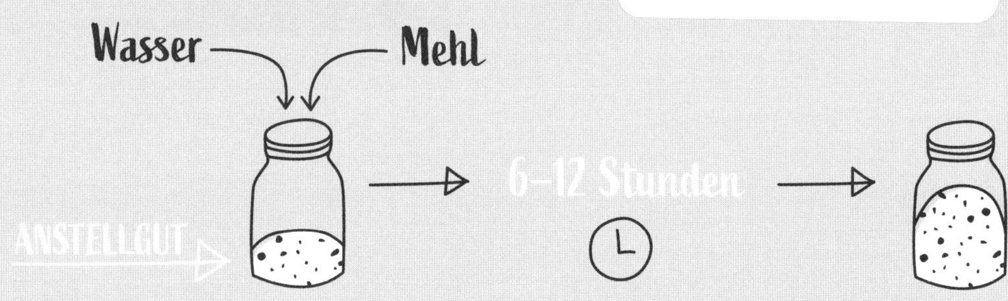

STOCKGARE

die ersten 2 Stunden 4 Mal dehnen

VORWIRKEN & ZWISCHENGARE

45 Minuten vor dem Backen den Ofen vorheizen

Genauere Informationen finden Sie auf S. 86 - S. 122

Anita Šumer

VERRÜCKT NACH SAUERTEIG

Anita Šumer

VERRÜCKT NACH SAUERTEIG

Rezepte für sinnliche Back- & Brotgenüsse

Impressum

Anita Šumer
VERRÜCKT NACH SAUERTEIG
Rezepte für sinnliche Back- & Brotgenüsse
1. deutsche Auflage 2019
2. deutsche Auflage 2019
3. deutsche Auflage 2020
4. deutsche Auflage 2020
ISBN 978-3-96257-104-7

Titel der Originalausgabe:
DROŽOMANIJA - Knjiga o peki kruha in peciva z drožmi

Übersetzung aus dem Slowenischen: Ann Catrin Bolton
Gestaltung: Polonca Klančnik, Barbara Remec
Layout: Staša Filipi Tasič
Satz: Linda Brummack
Abbildungen © Primož Lavre
Coverlayout: Linda Brummack
Coverabbildung: Primož Lavre

Herausgeber:
Unimedica im Narayana Verlag GmbH,
Blumenplatz 2, D-79400 Kandern
Tel.: +49 7626 974970-0
E-Mail: info@unimedica.de
www.unimedica.de

ANITA
ŠUMER

Danke!

Ich weiß gar nicht, wo ich anfangen soll – es gibt so viele, bei denen ich mich für Hilfe und Anregungen beim Backen und bei der Entstehung meines ersten Buches bedanken möchte!

Zuallererst gilt meinem verstorbenen Mann Sašo mein unermesslicher Dank – deinetwegen habe ich überhaupt erst mit dem Backen angefangen! Ich danke dir für alle deine Ratschläge und dein Verständnis. Ohne deine Hilfe und deine Unterstützung wäre es nicht gegangen. Wenn ich Zweifel hatte, hast du sie rasch vergessen lassen.
Danke an meine Familie, insbesondere an meine Mutter und meine Großmutter: Ihr beide habt in mir schon als Kind die Freude am Kochen und Backen geweckt.
Ich möchte mich auch herzlich bei allen Freunden bedanken, die es mit vereinten Kräften geschafft haben, große Mengen an Brot und anderen gebackenen Köstlichkeiten zu verzehren.
Danke, liebe Barbara, für all deine Hilfe und Unterstützung auf meinem Sauerteig-Weg, für alle redaktionellen und freundschaftlichen Ratschläge!
Danke, Primož, für die wunderschönen Fotografien, die Gespräche, das Gelächter und die Treffen zum Brotessen.
Danke, liebe Manca, für die ausgezeichnete Neugestaltung des Bucherfolgs!
David, vielen Dank für das Unterkapitel über Getreide.
Dir, Mirjam, danke ich für das Lektorat und Deine Ratschläge.
Außerdem möchte ich mich bei Dr. Janez Bogataj und Brigita Rajšter für ihre fachliche Durchsicht bedanken.
Besten Dank auch allen Unterstützern in der Facebookgruppe Drožomanija (peka z drožmi) – ich glaube, jeden Tag packt mehr von uns das Backfieber.
Danke an alle Medien, die mit mir sprechen wollten und wollen. Gemeinsam verbreiten wir die Liebe zum Backen mit Sauerteig in der ganzen Welt.

Ich danke meinen Sponsoren, den Firmen Puratos, SPAR Slovenija, Miele Slovenija, Špilarjev mlin und EKO365, dass sie durch ihre Unterstützung das Erscheinen dieses Buches möglich gemacht haben. Mit vereinten Kräften ist es uns gelungen, ein besonderes Buch zu schaffen. Herzlichen Dank!

Danke an alle »Sauerteigverrückten« sowie jene, die es vielleicht erst noch werden.

Mit herzlichen, duftenden Sauerteiggrüßen
Anita

VERR

SAU

ÜCKT
ACH
RTEIG

Inhaltsverzeichnis

83 Ihr Erstling

162 Sauerteigrezepte

SLOWENIEN UND DIE WELT SIND VERRÜCKT NACH SAUERTEIG

Der außerordentliche Erfolg der ersten und zweiten Auflage des Buches *Verrückt nach Sauerteig* hat alle Beteiligten überrascht. Obgleich wir uns insgeheim gewünscht hatten, dass sich das Buch verkauft wie warme Semmeln, konnten wir uns nicht vorstellen, dass es bereits drei Monate nach seinem Erscheinen am 7. Dezember 2017 ausverkauft sein würde und dass wir bis heute bereits 4.500 Bücher verkauft haben würden. Danke an alle geschätzten Sauerteigliebhaber, die gemeinsam mit uns die Leidenschaft für Sauerteig verbreiten!

Vor Ihnen liegt die aktuelle Ausgabe - basierend der dritten erweiterten und ergänzten Auflage - des Buches *Verrückt nach Sauerteig*, mit neuen Fotos und zwei neuen Kapiteln sowie einem Index.

Verrückt nach Sauerteig ist ein Projekt, das ich mit der Anregung und Unterstützung meines verstorbenen Mannes Sašo begonnen habe. Das Backen mit Sauerteig ist zu einer Lebensweise geworden, die wir gerne unter den Leuten verbreitet haben, und in seinem Andenken werde ich damit fortfahren. Gemeinsam haben wir über 80 Workshops mit über 1000 Teilnehmern veranstaltet. Die Veranstaltungsorte wurden sorgfältig ausgewählt, sie sind einladend und strahlen Wärme und Gemütlichkeit aus. So wurden unsere Workshops zu einem unvergesslichen Erlebnis. Glücklicherweise mangelt es in unserem schönen Land nicht an solchen Orten.

Wir gaben unser Wissen aber auch im Ausland weiter, wohin ich immer öfter eingeladen werde. Gemeinsam mit meinem Mann habe ich schon mehrere Länder bereist: Im September 2017 folgten wir einer Einladung nach Portugal, nach Lissabon, im November desselben Jahres backten wir in Moskau, im Januar und Februar 2018 führte uns der Sauerteig in die Karibik nach Jamaika. Im März flogen wir mit dem Sauerteig nach Asien, zuerst nach Singapur und dann nach Thailand. Im April 2018 bewiesen wir gemeinsam, dass das Backen mit Sauerteig auch Nachbarn verbindet: Der Workshop in Zagreb begeisterte die Kroaten. Nach einer kurzen Pause flogen wir auf die britischen Inseln und im Geburtsort von Shakespeare, Stratford upon Avon, veranstaltete ich zum ersten Mal einen Workshop für Engländer. Im September 2018 führte uns der Weg noch in die Niederlande, wo wir bei einem Workshop in der Hauptstadt auch die Niederländer mit Sauerteig begeisterten.

In dieser kurzen Zeit stieg die Zahl meiner Follower auf Instagram (@sourdough_mania) auf über 70.000 an. Alle Veröffentlichungen kurzer Videocollagen in den Internetmedien (Daily Mail, Business Insider UK, UNILAD, BuzzFeed und andere) waren zu diesem Zeitpunkt bereits über 40 Millionen Mal angesehen worden. Zugleich stieg die Zahl

der Sauerteigbegeisterten in Slowenien stark an. Ich hoffe, das hat auch mit diesem Buch zu tun, das anschaulich und verständlich geschrieben und reich illustriert ist.

Unser Weg führte uns dann im März 2019 nach Paris, wo das Buch *Verrückt nach Sauerteig* im Rahmen der globalen Konferenz „Gourmand World Summit" in den Räumen der UNESCO ausgestellt wurde. Es war nämlich in zwei Kategorien, „Brot" und „Sammeln von Geldern für einen guten Zweck", slowenischer Sieger des Kochbuch-Wettbewerbs „Gourmand World Cookbook Awards" und reihte sich in diesen Kategorien unter die neun besten Bücher 2019 ein.

Im chinesischen Macao wurde das Buch außerdem zum weltweit besten Buch über Brot gekürt, außerdem wurde es für das Sammeln von Spenden für einen guten Zweck (Europa) ausgezeichnet. Unsere Facebookgruppe »Drožomanija« verzeichnet jetzt schon über 10.300 Mitglieder! Wenn ich sehe, mit welcher Begeisterung wir dort backen, Tipps austauschen und einander helfen, bin ich stolz darauf, denn damit ist der Zweck des Buches erfüllt: die Liebe und die Leidenschaft für diese gesunde Art des Backens zu verbreiten.

Um uns nicht nur virtuell, sondern auch persönlich zu treffen und einander die Hände zu schütteln, veranstalteten wir am 12. Oktober 2019 im slowenischen Mislinja das erste slowenische Treffen für alle, die das Backen mit Sauerteig und Sauerteig-Köstlichkeiten lieben. An dieser Sauerteig-Veranstaltung nahmen rund 500 Menschen teil. Der ganze Tag war dem Sauerteig gewidmet, bei fachkundigen Vorträgen von Karl de Smedt von der Firma Puratos und Brigita Rajšter vom Kärntner Landesmuseum in Slovenj Gradec, einer Vorführung zu Verzierungen mit Morgan Clements, dem Dokumentarfilm „Das vergessene Rezept" aus dem Hause JRVisuals und dem Besuch von Ständen mit Produkten und Backzutaten. Die positiven Reaktionen der Besucher haben uns die Hoffnung gegeben, dass dieses Treffen zu einer Tradition werden könnte.

Die Anzahl der Menschen, denen es wichtig ist, welches Brot sie essen, nimmt immer mehr zu. Laden Sie also auch Ihre Freunde, Bekannten und Verwandten ein, schenken Sie ihnen einen Laib Brot und teilen Sie den Sauerteig mit ihnen, damit auch sie von der Begeisterung gepackt werden! Indem wir das Wissen über die Güte des Sauerteigs teilen, sorgen wir für seine weitere Verbreitung.

Mit freundlichen Sauerteiggrüßen
Ihre Anita Šumer

»Nicht das Mehl macht das Brot, sondern die Hand!«

Dieses sehr eindeutige slowenische Sprichwort bestätigt nur, dass für die Zubereitung von Lebensmitteln vor allem Wissen erforderlich ist. Wenn nicht das Mehl das Brot macht, sondern die Hand, bedeutet das, dass die Hand von unserem Wissen geleitet wird. Und gerade das Wissen hat bereits unseren Urahnen bei der Herstellung von Brot geholfen. Je mehr man sich mit der fernen Vergangenheit in der historischen Entwicklung beschäftigt, desto mehr Unbekannte tauchen auch bei dem Lebensmittel auf, das wir als Brot bezeichnen. Heutzutage ist zwar die Hypothese allgemein akzeptiert, dass das älteste Brot nur aus Mehl und Wasser bestand. Einige Forscher sehen daher im hefefreien, flachen und überwiegend runden Brot das, was beispielsweise im slowenischen Kulturraum als »Mlinci« (slowenisches Fladenbrot) bezeichnet wird. Sie ordnen dies unter die ältesten Methoden zur Herstellung und Formung von Brot ein. Hefe, genauer gesagt Bier- oder Bäckerhefe, ermöglichte erst sehr viel später eine neue Blüte der Brot- und Backkultur.

Sie übernahm ab der zweiten Hälfte des 19. Jahrhunderts die Vorherrschaft. Vor der Verbreitung von Hefe verwendeten die Hausfrauen Sauerteig, den sie aus verschiedenen Zutaten und auf verschiedene Arten selbst herstellten. Es gab auch Unterschiede in der Bezeichnung des Sauerteigs. Dieser bestand überwiegend aus kleinen Teiglaiben, die sie bei der Zubereitung jedes neuen Backwerks in den Teig einarbeiteten. Wo es die wirtschaftlichen Verhältnisse erlaubten, bereiteten die Hausfrauen das Brot einmal in der Woche vor und backten so viele Laibe, dass diese bis zur nächsten Woche reichten. Der Sauerteig ermöglichte die Gärung des Teigs. Er musste für den Beginn des ersten Backvorgangs hergestellt werden, für alle weiteren Backvorgänge wurde vom Teig des vorherigen ein Stück abgeschnitten und zu einem kleinen Laib geformt, der getrocknet und zum nächsten Teig hinzugegeben wurde.

Eine der ältesten Methoden zur Herstellung von Sauerteig erfordert nur Mehl und Wasser. Häufig wurde er aus Hirsemehl zubereitet, das mit Weinmost gemischt wurde, wenn dieser am stärksten gärte. Hirse- oder Maismehl wurde zur Herstellung von Sauerteig auch mit Wein verrührt. Teilweise wurde Hirsemehl auch mit Hopfen gemischt. Einzelne Hausfrauen stellten Sauerteig auch zum Verkauf her und boten ihn von Haus zu Haus an. Der Sauerteig aus Gorenjska, den die slowenischen Hausfrauen in Triest noch in den 80er Jahren des 19. Jahrhunderts kauften, wurde besonders geschätzt. Dieser Sauerteig war aus Kranj nach Triest gelangt und wurde auch »feste Hefe« genannt. Natürlich stellte man gerade zu dieser Zeit in Gorenjska vereinzelt die Verwendung von Sauerteig bei der Brotherstellung ein und verwendete nur noch

Bierhefe. Das »Archaische« der Nutzung von Sauerteig wird zusätzlich durch die Angaben bestätigt, dass Hausfrauen beispielsweise für dessen Zubereitung nur Quellwasser verwenden durften, das an Pfingsten geschöpft worden war, wenn die Glocken zur Morgenmesse riefen. In Dolenjska war man zum Beispiel der Ansicht, dass bei einem schlecht aufgegangenen Brot Wassertropfen helfen, die von einem sich drehenden Mühlrad herunterspringen ...

All dies ist nur ein winziger Aspekt der großen Geschichte vom Brot und vor allem vom Wissen über seine Herstellung.

Diese Zeugnisse sind also ein Teil des kulturellen Erbes, dem wir uns heute wieder zuwenden, da es uns viele Erkenntnisse bietet, die für unser modernes Leben, eine gesunde Ernährung, einen anderen, natürlicheren Geschmack und noch weitere Dinge nützlich sind.

Doch bei unserem Rückblick auf verschiedene geschichtliche Epochen und beim Kennenlernen von Alltag und Feiertag verschiedener gesellschaftlicher Gruppen versuchen wir, nicht »museal« zu handeln, also das Erbe nicht einfach zu kopieren, sondern vor allem zu »kapieren« - der einzige Weg zu zahlreichen neuen und kreativen Lösungen. Wir werden nicht Brot auf »die alte Weise« backen, sondern uns mit vielen alten Methoden moderne Schaffensmöglichkeiten auf dem Gebiet der Ernährung eröffnen. Schließlich bestätigt auch das Buch von Anita Šumer, dass die Verwendung von Sauerteig von einzelnen Brotsorten auf Gebäck und Kuchen ausweitet, dass diese Sichtweise die richtige ist. So gesehen, stellt das Buch eine Herausforderung an die modernen Bemühungen auf dem Gebiet der Ernährung dar. Eine Anlehnung an das Kulturerbe ermöglicht dabei lokale und regionale Wiedererkennung und Identität auch in der Zukunft.

Prof. Dr. Janez Bogataj

»Brot ist ein Geschenk Gottes«

»Verrückt nach Sauerteig« ist ein ehrliches Buch über Anita Šumers Leidenschaft für das Backen mit Sauerteig. Sie zeigt auf liebenswerte Weise die Rückkehr zur ursprünglichen kulinarischen Tradition des Backens von Roggenbrot mit Sauerteig, die für Kärnten charakteristisch ist. Engagiert führt sie neue Nutzungsarten von Sauerteig in Rezepten bekannter Speisen ein und bringt frischen Schwung in den Geschmack.

»Brot ist ein Geschenk Gottes«, sagten unsere frühen Vorfahren und brachten durch ihren respektvollen Umgang ihren Respekt für ihre Arbeit zum Ausdruck. Im traditionellen landwirtschaftlichen Haushalt repräsentierten die Brotlaibe, die man auf den Weihnachtstisch legte, alle Mühen der Bauern beim Anbau von Getreide und bei der Herstellung von Mehl. In Ojstrica, Strojna und anderenorts wurde dem Roggenbrot für den Geschmack stets Anis zugegeben, in Libeliče verwendete man Anis nur im sogenannten »Tischbrot«, das für Weihnachten gebacken wurde.

Über die Jahrhunderte wurde durch den Wechsel von Überfluss und Mangel klar, dass Brot kein selbstverständliches Gut ist, das nur von der aufgewendeten Mühe abhängt. Die Angehörigen der Ackerbaukultur glaubten an die Existenz einer »höheren Macht« und gaben sich dankbar ihren Bemühungen um das höchste Gut der gesamten Schöpfung hin. Noch vor einigen Jahrzehnten richtete man sich auf Kirchenprozessionen, die an Fronleichnam zwischen den grünen Feldern mit jungem Getreide stattfanden, gedanklich auf den Schutz der Getreidesaaten vor Naturkatastrophen aus und bat um eine gute Ernte. Nur volle Getreidespeicher gewährleisteten, dass die Familie nicht verhungerte.

Ein Laib Roggenbrot galt als Zahlungsmittel. Der Messner der Kirche St. Magdalena na Vratih hatte die Aufgabe, bei einem aufkommenden Unwetter die Glocken zu läuten, da der Klang der Glocken die Wolken auseinandertreiben und so ein schweres Unwetter abwenden sollte. Einmal im Jahr erhielt er von jedem Bauernhof, bis zu dem die Kirchenglocken zu hören waren, einen Laib Roggenbrot als Bezahlung für die »Abwehr von Unwetter«.

Mit einem Laib Roggenbrot wurde in Ojstrica nad Dravogradom die nachbarschaftliche Hilfe beim Ausbringen der Jauche bezahlt. Die Herrin des Hauses verteilte als Lohn einen Laib oder ein größeres Stück Roggenbrot und gekochtes Trockenfleisch an die Knechte und Mägde, wenn sie von Weihnachten bis Neujahr ihre freien Tage hatten.

Zahlreiche alltägliche Handlungen waren mit der Achtung und Verehrung von Roggenbrot verbunden.

In der Regel ließ man das Brot nie ausgehen. Es wurde meist in einer Schublade im Esstisch aufbewahrt, daneben lag auch ein Messer. Wer hungrig war, konnte sich selbst ein Stück Brot abschneiden. Gästen legte man einen Laib Roggenbrot und ein Messer hin und lud sie ein, sich selbst so viel abzuschneiden, wie sie wünschten. Ein Stück Brot, von einem Laib geschnitten, war dreieckig wie ein Stück Torte. Zum Roggenbrot wurde nur noch Most als Getränk angeboten.

Ein Laib Brot wurde nie »auf den Rücken« gelegt, sondern immer ordentlich auf dem Tisch oder in der Schublade platziert.

Wenn jemand ein Messer auf dem Brot ablegte, bedeutete dies, dass ihm das Brot ausgehen könnte.

Die angeschnittene Seite des Brotes durfte nie zur Tür hinzeigen, man glaubte nämlich, dass das Brot durch die Tür davongehen könnte. Bevor das Brot durchgeschnitten wurde, ritzte man mit der Messerspitze ein Kreuzzeichen auf die Rückseite des Laibs.

Traditionelles Roggenbrot hat immer die Form eines Laibs und wiegt zwischen drei und vier Kilogramm. Die manuelle Herstellung von Brot erfordert einiges an Wissen, Fertigkeit und körperlicher Fähigkeit. Am Abend vor dem Backen wird eine hölzerne Mehltruhe in die Küche gebracht, in die man sämtliches Mehl gibt, damit es sich auf Zimmertemperatur aufwärmt. Zugleich wird heimische Hefe aus dem aufbewahrten Teig vom letzten Backen beigemischt. Am nächsten Tag wird aus diesem sauren Ansatz Teig gemischt. In Libeliče sagt man: »Wie man die heimische Hefe zubereitet, so wird auch das Brot. Wenn man sie weich beimischt, wird das Brot weich, und umgekehrt.«

Für gewöhnlich war das Backen die Aufgabe der Herrin des Hauses. Wenn jüngere Mädchen im Haus waren, halfen sie beim Anrühren des Teigs und lernten die Kunst des Backens von den Älteren. Deren Erfahrungen waren auch beim Anheizen und beim Gewährleisten der richtigen Temperatur im Backofen willkommen.

Häufig wird auch heute noch während des Backens das Segenszeichen ausgeführt. Mit der rechten Hand wird ein Kreuzzeichen gemacht, zugleich sagt man: »Heiliges Kreuz Gottes«, bevor man mit der Arbeit beginnt, vor dem Kneten des Teigs, wenn man den Teig gehen lässt, vor dem Formen des Laibs und wenn man ihn in den Ofen legt.

In Šentanel wird noch heute das dreieckige Zeichen der Heiligen Dreifaltigkeit in den Laib geprägt, bevor er in den Ofen geschoben wird. Diese Handlung wie auch das Bekreuzigen stammen mit Sicherheit schon aus vorchristlichen Ackerbaukulturen.

Das Brotbacken ist noch immer ein besonderes Ereignis in der Familie und bereitet auch den Kindern viel Freude. Die Mütter wussten sehr wohl, dass der Duft frisch gebackenen Brots das Verlangen nach demselben weckt, deshalb trösteten sie die Kinder mit eigens für sie gebackener Trenta in Libeliče, Striezeln in Ojstrica, anderenorts auch mit Weißbrot. Ein kleineres Stück Roggenteig wurde auf einer Kelle ausgerollt. Die Trenta wurde mit Sauerrahm bestrichen, mit Kümmel und Salz bestreut und dann gebacken. Die Striezel wurden ebenfalls mit Sauerrahm bestrichen, dann mit frischem Estragon oder Kerbel bestreut und zu einem kleinen Stangenbrot gerollt.

»Die heimische Hefe muss man nur einmal erhalten, dann hat man sie für immer«, heißt es. Bei der Übergabe eines landwirtschaftlichen Haushalts übernahm »die Junge« auch die heimische Hefe beziehungsweise einen getrockneten Rest des Teigs vom letzten Backvorgang. Für die Hausfrau war ein »Verlust« der heimischen Hefe aus Fahrlässigkeit eine große Schande.

Die heimische Hefe blieb so von Backtag zu Backtag erhalten und ging von einer Generation zur nächsten über.

Mit ihrer aktiven Substanz stellte sie die Verbindung der lebenden Familienmitglieder zu ihren Vorfahren dar.

Anita Šumer hat ihre Leidenschaft dadurch gekrönt, dass sie ihren Sauerteig Rudl, wie sie ihn liebevoll nennt, in der weltweiten Internetbibliothek für Sauerteig bei der Firma Puratos in Belgien registriert hat.

Aufgrund der wissenschaftlichen Behandlung des Themas Sauerteig ist ihr Buch mehr als willkommen. Anita Šumer ist Wegbereiterin für den geografischen Schutz des Kärntner Roggenbrots als erstklassige kulinarische Köstlichkeit, die uns geschenkt wurde, um sie der Nachwelt zu erhalten. Wir wünschen uns, dass auch die Kärntner Bauern, die noch mit eigenen Hefeansätzen Roggenbrot backen, die Leidenschaft für Sauerteig übernehmen, da sie die Träger einer großen kulinarischen Tradition des immateriellen Kulturerbes sind.

Ein Weg in die Zukunft unter Achtung der Tradition!

Brigita Rajšter, Kärntner Landschaftsmuseum

knuspriges Baguette
Sauerteig-
kürbisse
Buchweizenbrot
mit Nüssen

gelbes
Maisbrot

– The quest for –
SOURDOUGH
Anita Šumer
DROŽOMANIJA
SOURDOUGH.MANIA

Einführung

Wer hätte gedacht, dass aus einem einfachen Gemisch aus Mehl und Wasser überhaupt Brot werden kann?

Vielleicht erinnern Sie sich an Ihre Schulzeit, als Sie mit einem solchen Gemisch Papier zusammengeklebt haben? Ich mich schon. Damals wäre es mir nicht im Traum eingefallen, dass nach einer Weile diese Mischung aus Mehl und Wasser bei Wärme lebendig werden und Bläschen bilden könnte und dass man damit Brot anteigen und backen kann. Der Name »Sauerteig« sollte dabei nicht in die Irre führen - bei richtiger Zubereitung wird dieses Brot nämlich gar nicht dicht und sauer, sondern erhält ein weiches und saftiges Inneres.

Mein Interesse für Sauerteig ergab sich vor sieben Jahren, als meinem Mann Sašo die Gallenblase entfernt wurde und er kein normales Hefebrot mehr essen konnte. Damals begann ich nachzuforschen, wie man ein Brot backen kann, dem wir beide nicht widerstehen können. So habe ich seit 2012 zahlreiche Bücher, Internetseiten, Blogs und Artikel gelesen, aber größtenteils habe ich aus dem Backen selbst gelernt. Je mehr ich backte, desto besser wurde es. Und ich backte drei Mal pro Woche! Die Anfänge waren vollkommen anders als meine Erzeugnisse heute: zu flach, zu sauer – aber ich habe nichts weggeworfen, mein Mann und ich haben alles bis zum letzten Krümel aufgegessen. Das Backen mit Sauerteig hat mich gelehrt, dass für gutes und gesundes Brot nur drei Dinge erforderlich sind: Mehl, Wasser und Salz, neben all der Energie und Liebe, die ich in den Teig investiere. Diese Art des Backens hat mich auch Planung, Geduld und Anpassung gelehrt. Dieses Buch ist als einfache und auf Erfahrungen basierende Einführung in die Welt des Backens mit Sauerteig gedacht, deshalb sollten Sie sich nicht von Zahlen irritieren lassen. Vergessen Sie bei der Zubereitung die Uhr, begleiten Sie stattdessen den Teig mit allen Sinnen: tasten Sie ihn ab, riechen Sie daran, sehen Sie zu, wie er sich verändert.

Fragen Sie sich vielleicht, warum Sie überhaupt damit anfangen sollten, auf diese alte Weise zu backen, die doch umständlich und zeitraubend ist? Ich hoffe, dieses Buch räumt mit allen Mythen und Vorurteilen auf und enthüllt die Geheimnisse des guten, geschmackvollen Brots, das unsere Großmütter gebacken haben – und nicht nur Brot, sondern auch anderes köstliches Gebäck! Alles, was Sie benötigen, sind ein wenig Planung und Organisation, um das Backen in Ihren Alltag zu integrieren, ein bisschen Zeit, Liebe – und es wird Ihnen mit Sicherheit gelingen. Ein nicht ganz gelungenes Brot sollte Sie nicht zu sehr erschüttern – es ist nicht schlimm, wir alle waren einmal in einer ähnlichen Situation, was aber nicht bedeutet, dass dies ein Grund zum Aufgeben wäre. Es sollte Ihnen als Motivation dienen, sich darum zu bemühen, dass es schließlich gelingt. Die Belohnung ist betörend köstlich und duftet vor allem sehr gut – und ist auch noch gesund.

Ich möchte diese Einleitung noch dazu nutzen, Ihnen Rudl vorzustellen: So habe ich meinen Sauerteig genannt, der mich von Anfang an begleitet und ein unverzichtbarer Teil meiner Backaktivitäten ist. Rudl schlägt sich sowohl bei Brot und Brotbackwaren als auch bei süßen Köstlichkeiten ausgezeichnet.

Seit ich mit dem Backen mit Sauerteig begonnen habe, teile ich meine Liebe und Leidenschaft mit allen um mich herum. Meine Mission sehe ich auch in der Verbreitung dieser gesunden und schmackhaften Art des Backens in ganz Slowenien und über die Grenzen hinaus. Ich lade Sie also ein, sich mir auf dieser wunderbar duftenden Sauerteigreise anzuschließen. Aber Vorsicht: Der Sauerteigwahn ist ansteckend: Mich lässt er einfach nicht mehr los und auch Sie könnten von ihm gepackt werden!

Fein
KoMo
Grob
KoMo
FIDIBUS

Vom Getreide zum Sauerteig

Ohne Mehl kein Brot … und woraus besteht eigentlich Mehl? Ist wirklich alles Getreide gleich oder wird es in verschiedene Arten unterteilt? In diesem Kapitel stelle ich Ihnen die am häufigsten verwendeten Pflanzen vor, deren Körner, Nüsse und Samen man zur Herstellung von Mehl verwendet. Außerdem gebe ich Ihnen eine Übersicht über verschiedene Arten und Typen von Mehl, bevor wir gemeinsam mit dem Backen beginnen.

EINTEILUNG DER GETREIDEARTEN[1]

Hinsichtlich der morphologischen und biologischen Eigenschaften unterscheidet man echtes Getreide und hirseartiges Getreide. Zur ersten Gruppe, den sogenannten echten Getreiden, zählen Weizen, Roggen, Gerste und Hafer. Zu den hirseartigen Getreiden gehören Mais, Hirse, Kolbenhirse, Mohrenhirse und Reis.

Echtes Getreide zeichnet sich dadurch aus, dass es nicht besonders viel Wärme benötigt, während hirseartiges Getreide in dieser Hinsicht anspruchsvoller ist, vor allem in der letzten Phase der Pflanzenentwicklung. Aufgrund dieser Eigenschaften bezeichnen einige echtes Getreide als Getreide der gemäßigten Klimazone und hirseartiges Getreide als solches der warmen Klimazone.

Dabei sollten noch Buchweizen, Quinoa und Amarant erwähnt werden, die aufgrund ihrer besonderen morphologischen Eigenschaften grundsätzlich nicht als Getreide gelten. Diese dritte Gruppe wird daher als »Pseudogetreide« bezeichnet.

In neuerer Zeit ist darüber hinaus immer häufiger von »Urgetreide« die Rede. Dies umfasst die Gruppe kultivierter Weizenarten, deren Körner von einer Hülle, dem sogenannten Spelz umgeben sind. Diese Getreide sind die genetischen Vorfahren der ertragreicheren und stark hybridisierten Getreidearten. So ist Dinkel beispielsweise der Vorgänger von gewöhnlichem Weizen und Rundkornweizen. Urgetreide eignet sich aufgrund seiner Eigenschaften besser für den ökologischen Anbau.

ECHTES GETREIDE

WEIZEN (*Triticum* sp.) ist eine einjährige Pflanze aus der Familie der Gräser (Poaceae). Die Heimat des Weizens ist laut einer kürzlich entdeckten Quelle die Anatolische Ebene in der Türkei (das Gebiet des sogenannten fruchtbaren Halbmonds). Gezüchtet wird er seit dem neunten Jahrtausend vor unserer Zeitrechnung. Ab dem dritten Jahrtausend vor unserer Zeitrechnung wurde er in Mesopotamien und in Syrien angebaut. Der Weizenanbau hatte bedeutenden Einfluss auf das Leben der Menschen im alten Ägypten. Unsere Vorfahren fanden bei der Besiedlung des Gebiets des heutigen Slowenien dort bereits Weizen vor und setzten dessen Anbau fort.

1 Das Unterkapitel über die Einteilung des Getreides entstand in Zusammenarbeit mit Mag. David Kranjc, Dipl. Ing. Agr.

Die Gattung *Triticum* umfasst wilde und kultivierte Sorten, die sich auch hinsichtlich der Chromosomenzahl unterscheiden. Wir kennen daher diploiden, tetraploiden und hexaploiden Weizen. Im Folgenden werden jene Arten und Gattungen von Weizen vorgestellt, deren Mehl beim Backen am häufigsten zur Anwendung kommt.

GEWÖHNLICHER WEIZEN (hexaploid) (*Triticum aestivum* L. subsp. *aestivum*) ist die weltweit am weitesten verbreitete Weizenart. Die Blüten des Weizens sind zu einem Blütenstand zusammengefasst, den man Ähre nennt und in dem sich etwa 40 nackte Samen entwickeln. Im Vergleich zu anderem Getreide ergibt er viele Körnererzeugnisse, die 8 -14 Prozent Eiweiß enthalten. Da er einen guten Kleber (Gluten) enthält, eignet er sich am besten zum Backen von Brot und anderem Gebäck.

WEITERE WEIZENARTEN sind Einkorn (diploid), Zweikorn oder Emmer (tetraploid und hexaploid) sowie Dinkel (hexaploid). Genetisch unterscheiden sich diese Formen durch die Anzahl der Chromosomen, morphologisch auch durch die Anzahl der Körner in der Ähre.

Ein bedeutender morphologischer Unterschied zwischen gewöhnlichem Weizen und Dinkel besteht darin, dass beim Dreschen des gewöhnlichen Weizens das Korn selbst aus dem Spelz fällt, daher wird es als nackt bezeichnet, während das Dinkelkorn umhüllt bleibt. Außerdem unterscheiden sie sich hinsichtlich der Anzahl der Körner in der Ähre.

EINKORN (*Triticum monococcum* L.) hat in der Regel nur ein Korn in der Ähre und die Früchte sind bei der Mahd nicht nackt, sondern in einen Spelz gehüllt. Seine Vorfahren wurden bereits im Paläolithikum genutzt. Bis zum 20. Jahrhundert wurde es im Transkaukasus, im Mittelmeerraum und in Nordwesteuropa angebaut. Auf dem Balkan war es das Getreide, das als Erstes angebaut wurde, im 21. Jahrhundert wurde es zum Gegenstand intensiver Selektion in den USA.

EMMER (*Triticum dicoccum Schrank*), auch Zweikorn genannt, hat den gleichen Ursprung wie Einkorn und Dinkel. Er wurde ebenfalls bereits im Paläolithikum kultiviert. In der Steinzeit und in der Bronzezeit wurde er im Nahen und Mittleren Osten, in Europa und in Nordafrika angebaut. Im 19. Jahrhundert wurde er besonders in Russland in großem Umfang erzeugt. Heute ist er in Äthiopien und Indien ein wichtiges Getreide, in Europa wird er in Italien angebaut (it. *emmer* oder *farro*). In der Ähre des Emmer befinden sich zwei gut entwickelte, umhüllte Körner.

Hartweizen

Einkorn

Weizen

Dinkel
Kamut
Emmer

DINKEL (*Triticum spelta* L.), auch Spelz, Spelt, Fesen, Vesen oder Schwabenkorn, dessen Anbau in der ökologischen Landwirtschaft am meisten verbreitet ist, entwickelt für gewöhnlich zwei Körner pro Ähre. Im Vergleich zum gewöhnlichen Weizen hat er weniger Körner pro Ähre, dafür sind die Dinkelkörner größer. Der Dinkel zählte anfangs im Ursprungsgebiet des Weizens (fruchtbarer Halbmond) nicht zu den wichtigeren Getreidearten. Einen wirklichen Gebrauchswert erhielt er mit der Anpassung an kühle und feuchte Verhältnisse. So konnte er auch im Gebiet der nordwestlichen Alpen angebaut werden. Nach Mitteleuropa gelangte er im vierten Jahrhundert v. Chr. Nach dem Zweiten Weltkrieg ging sein Anbau in Europa zurück, vor allem wegen des geringeren Ertrags pro Hektar im Vergleich zu gewöhnlichem Weizen.

In jüngerer Zeit entwickelt er sich aufgrund seiner außerordentlichen Anspruchslosigkeit und seiner Anpassungsfähigkeit an die Wachstumsverhältnisse zu einem bedeutenden Brotgetreide im ökologischen Landbau.

KHORASAN-WEIZEN (*Triticum turanicum* Jakubz.), auch bekannt unter dem Namen Kamut, zählt zu den tetraploiden Getreidearten. Diese Weizenart ist in den USA unter dem geschützten Markennamen »Kamut« bekannt, seine Vermehrung und Vermarktung ist in den USA nur dem Verband KANA (The Kamut Association of North America) und in Europa dem Verband KAME (Kamut Association of Europe) erlaubt. Kamut stellt laut einigen Quellen in Amerika Weizen aus 36 veredelten Körnern dar, die aus Ägypten eingeführt wurden.

HARTWEIZEN (*Triticum durum* Desf.) zählt zu den hexaploiden Weizenarten. Hinsichtlich der Verbreitung des Anbaus kommt er gleich hinter dem gewöhnlichen Weizen. Er gedeiht in Gebieten mit heißen Sommern (im Mittelmeerraum, Nordafrika, Mittelamerika und im Süden der USA). Der hohe Eiweißgehalt seines Mehls macht ihn ideal für die Herstellung von Teigwaren.

ROGGEN (*Secale cereale* L.) stammt aus Vorderasien. Die alten Völker (Ägypter, Sumerer, Assyrer, Babylonier, Chinesen und Griechen) kannten keinen Roggen, nur die Römer erwähnten ihn in schriftlichen Quellen. Nach Europa gelangte er als Unkraut zwischen Weizen und Gerste. Roggen wurde zwischen 800 und 500 v. Chr. in Norddeutschland angebaut, später erzeugten ihn die Kelten. Die Slawen bauten ihn auf dem Gebiet ihrer ursprünglichen Heimat an (dem Teil Südwesteuropas zwischen Weichsel und Dnjepr), von ihnen übernahmen ihn später bei ihrer Umsiedlung in Richtung Westeuropa die Germanen. Roggen war bis zum Zweiten Weltkrieg weltweit ein wichtiges europäisches Getreide in Orten mit kühlerem Klima und in Gebieten über 1000 m ü. M. Er wird auch als Futtermittel und für industrielle Zwecke angebaut. Die größten Roggenerzeuger sind Russland, Polen, Deutschland, Weißrussland und die Ukraine.

TRITICALE (*Triticosecale* Wittm. & Camus) ist eine hybride (amphiploide) Getreideart, die durch die künstliche Kreuzung von Roggen und Weizen entstanden ist. 1875 kreuzte der schottische Botaniker Wilson erstmals Weizen und Roggen, seine Kreuzung ergab jedoch keine fruchtbaren Körner, dies gelang etwas später dem deutschen Züchter Rimpau. Zunächst war der Triticale nur eine botanische Kuriosität, doch in den letzten Jahrzehnten hat er sich im Getreideanbau mehr und mehr durchgesetzt.

Einige Züchter bezeichnen den Triticale als Getreide der Zukunft, da er in Gebieten angebaut werden kann, die sich für Weizen nicht eignen. Ein Vorteil des Triticale gegenüber anderem Getreide besteht in der Widerstandsfähigkeit gegenüber niedrigen Temperaturen und in der Möglichkeit umfangreicherer Ernten.

Der Triticale hat in der menschlichen Ernährung noch keine große Bedeutung, vor allem aufgrund des schwächeren Glutens. Am häufigsten wird er in Polen, Russland, Deutschland, den USA, Frankreich, Bulgarien und Südafrika angebaut.

GERSTE (*Hordeum vulgare* L.) zählt zu den ersten kultivierten Getreidearten und ist eine wichtige Grundlage für die Entwicklung der Zivilisation im Nahen Osten. Ihre Heimat ist Asien (sechszeilige Gerste) und Afrika (zweizeilige Gerste). In Ägypten wurde sie bereits vor 7 000 Jahren angebaut. Auch im alten Griechenland und in Rom ernährte man sich von ihr, dort war Gerstenbrot das Brot der armen römischen Bevölkerung und der Soldaten. Auch die Gladiatoren ernährten sich von Gerste, daher nannte man sie »Gerstenfresser«. Die alten Slawen fanden bei der Besiedlung des Gebiets des heutigen Slowenien bereits Gerste vor und setzten deren Anbau fort.

Wie beim Dinkel sind bei der Gerste mehrere Gattungen bekannt, diese unterscheiden sich auch hinsichtlich der Anzahl der Zeilen der Körner in der Ähre. In der industriellen Verarbeitung wird sie meist zur Gewinnung von Malz für Bier, zur Gewinnung von Spiritus und Stärke, aber auch zur Whiskyherstellung verwendet. Am häufigsten wird Gerste in Russland, der Ukraine, Spanien, der Türkei und in Kanada angebaut.

HAFER (*Avena sativa* L.) stammt aus Südostasien. Die alten Ägypter kannten keinen Hafer. Die Griechen (4. Jahrhundert v. Chr.) und die Römer (6. Jahrhundert v. Chr.) bauten Hafer nur als Futter für Tiere an. In Europa wurde Hafer von den Kelten, Germanen (von 1700 bis 1500 v. Chr.) und später auch von den Slawen angebaut, die nur Brot aus Hafermehl aßen. Solches Brot wird noch heute vor allem in Schottland und Norwegen gegessen. Im Mittelalter war Hafer in Europa das wichtigste Getreide, ab der Mitte des 20. Jahrhunderts ging seine Erzeugung deutlich zurück. An seine Stelle traten Weizen, Gerste und Mais aufgrund des höheren Ertrags pro Hektar und der Einführung der landwirtschaftlichen Mechanisierung. In hügeligen und gebirgigen nördlichen Gebieten, in denen die klimatischen Gegebenheiten den Anbau echten Getreides nicht zulassen, wurde weiterhin Hafer angebaut. Die größten Erzeuger von Hafer sind Russland, Kanada, die USA, Australien und Neuseeland.

Weizen

Buchweizen

Natürliche Produkte

AUS UNSEREM ONLINESHOP

SPAREN SIE 5%
AUF IHRE NÄCHSTE BESTELLUNG MIT DEM RABATTCODE
UNIBU20

EINMAL PRO KUNDE/ BESTELLUNG EINLÖSBAR, NICHT AUF PREIS-GEBUNDENE ARTIKEL.

BIO SESAMÖL

* IN BIO-QUALITÄT

100 % Bio Sesamöl ohne Zusätze, Kaltpressung. Reich an zweifach ungesättigter Fettsäure Linolsäure. Zum Würzen von Speisen, Salaten, Dips und Marinaden sowie zum Braten, Backen und Dünsten.

500 ml, Best.-Nr. 25210

€ 13,99

OPC TRAUBENKERNEXTRAKT

Nahrungsergänzungsmittel mit Traubenkernextrakt aus französischen Weintrauben und Extraktion in Frankreich. Eine Kapsel enthält 350 mg Traubenkern-extrakt, davon 140 mg OPC.

60 Kapseln, Best.-Nr. 25077 • **€ 17,90**

BIO KRÄUTER

* IN BIO-QUALITÄT

Kräuterfermentgetränk aus Dänemark. Enthält 7 Milchsäurebakterienkulturen, organische Säuren und 19 sorgfältig ausgewählte Kräuter. Frischer und angenehm säuerlicher Geschmack.

BIO Kräuter* Best.-Nr. 21610
1 l • **€ 29,90**

BIO Kräuter* Best.-Nr. 21611
BIO Aronia* Best.-Nr. 21613
BIO Ingwer* Best.-Nr. 23140
BIO Hagebutte* Best.-Nr. 21612
500 ml • **€ 16,50**

BIO OREGANO ÖL

* IN BIO-QUALITÄT

100 % ätherisches Bio Oregano Öl, Origanum vulgare, min. 80 % Carvacrol. Durch Wasserdampf-Destillation gewonnen. Das griechische Oregano wächst nur in Griechenland und ist weltweit für seine bemerkenswerten Eigenschaften bekannt und berühmt.

10 ml Best.-Nr. 23833 • **€ 18,99** 60 Kapseln Best.-Nr. 23836 • **€ 19,99**

Unsere
BESTSELLER

Haar Vitamine

- Hochdosiert mit Biotin, Folsäure, sieben B-Vitaminen, Vitamin C + E sowie Zink, Selen, Hirsesamen-Extrakt, Grüner-Tee-Extrakt, L-Cystein und MSM
- 120 Kapseln mit Mehrfach-Komplex für Haut, Haare und Nägel für zwei Monate

120 Kapseln, Best.-Nr. 24673 • **€ 29,90**

Hyaluronsäure Kapseln

- Hochdosiert mit 350 mg Hyaluronsäure pro Kapsel sowie Vitamin C, B12 und Zink
- 90 Kapseln für drei Monate

Zu 100 % vegan ohne Magnesiumstearat.

90 Kapseln, Best.-Nr. 23910 • **€ 27,90**

Hyaluron Performance Serum & Creme

Geeignet als Make-Up-Grundlage sowie als After-Shave-Pflege. Für reife Haut. Zu 100 % vegan und ohne Tierversuche.

Serum: 50 ml, Best.-Nr. 24669 • **€ 29,90**

Enthält eine sehr hoch dosierte Kombination aus nieder- und hochmolekularer Hyaluronsäure.

Creme: 50 ml, Best.-Nr. 24672 • **€ 29,90**

Enthält u. a. Hyaluronsäure, Retinol, Shea-Butter, OPC, natürliches Vitamin E, Lecithin, Resveratrol und Traubenkernöl.

BIO SUPERFOODS

Chlorella Tabletten *

250 g, Best.-Nr. 16589 • **€ 12,60**

Flohsamenschalen Pulver *

250 g, Best.-Nr. 21983 • **€ 5,50**

Guarana Pulver *

100 g, Best.-Nr. 16039 • **€ 10,60**

Hanfprotein Pulver *

1 kg, Best.-Nr. 21981 • **€ 18,60**

Maca Pulver, gelatiniert *

300 g, Best.-Nr. 15458 • **€ 10,40**

Matcha Pulver *

100 g, Best.-Nr. 21917 • **€ 16,40**

Spirulina Tabletten *

250 g, Best.-Nr. 16590 • **€ 9,60**

UNIMEDICA

Sango Koralle 1100 mg
100 % fossile Korallen, eine natürliche Quelle für Calcium und Magnesium im körpereigenen Verhältnis von 2:1.
180 Kapseln, Best.-Nr. 24910 • **€ 19,80**

Camu-Camu-Extrakt 500 mg
Hochdosiertes natürliches Vitamin C.
120 Kapseln, Best.-Nr. 24911 • **€ 13,50**

Acerola-Extrakt 494 mg
Hochdosiertes natürliches Vitamin C.
180 Kapseln, Best.-Nr. 24912 • **€ 19,50**

Vitamin B12-Lutschtabletten
Für ein funktionierendes Nerven- und Immunsystem.
100 Tabletten, Best.-Nr. 24913 • **€ 14,90**

L-Arginin 620 mg
Hochdosiertes rein pflanzliches L-Arginin.
365 Kapseln, Best.-Nr. 24944 • **€ 18,50**

Bio-Grapefruit-Extrakt
Hochkonzentriertes Bio-Grapefruit-Extrakt.
100 ml, Best.-Nr. 24945 • **€ 19,70**

Magnesium 500 mg
Tri-Magnesium-Di-Citrat für eine schnelle Resorption.
180 Kapseln, Best.-Nr. 24946 • **€ 14,50**

Vitamin-D3-Tropfen
50 ml,
Best.-Nr. 24904
€ 12,99
Auch als 3er-Set erhältlich
3 x 50 ml, Best.-Nr. 24961
€ 35,97 statt € 38,97

Vitamin-D3/K2-Tropfen
50 ml, Best.-Nr. 24905
€ 18,90

Hyaluronsäure Kapseln
90 Kapseln,
Best.-Nr. 24906 • **€ 14,50**

Schwarzkümmelöl gefiltert
250 ml, Best.-Nr. 24948 • **€ 11,80**

Schwarzkümmelöl ungefiltert
1000 ml, Best.-Nr. 24949 • **€ 23,90**

Schwarzkümmelöl-Kapseln 500 mg
400 Kapseln, Best.-Nr. 24951
€ 19,80

Bio Hanföl *
250 ml,
Best.-Nr. 24952
€ 8,50

Bio Kokosöl nativ *
1000 ml,
Best.-Nr. 24954
€ 12,90

*** IN BIO-QUALITÄT**

Weitere Bücher für ein natürlich gesundes Leben

VON UNIMEDICA

Michael Greger / Gene Stone

HOW NOT TO DIE

Entdecken Sie Nahrungsmittel, die Ihr Leben verlängern - und bewiesenermaßen Krankheiten vorbeugen und heilen.

512 Seiten, geb., Best.-Nr. 20587 • **€ 24,80**

Michael Greger / Gene Stone

DAS HOW NOT TO DIE KOCHBUCH

Über 100 Rezepte, die Krankheiten vorbeugen und heilen.

272 Seiten, geb., Best.-Nr. 22997 • **€ 29,–**

Andreas Moritz

DIE WUNDERSAME LEBER- UND GALLENBLASENREINIGUNG

Ein kraftvolles, selbst durchführbares Verfahren für mehr Gesundheit und Vitalität.

496 Seiten, geb., Best.-Nr. 17048 • **€ 22,90**

Becky Rapinchuk

SIMPLY CLEAN

Die bewährte 10-Minuten-Methode für ein sauberes, gut organisiertes und schönes Zuhause.

296 Seiten, geb., Best.-Nr. 24143 • **€ 19,80**

Christiane Maute

HOMÖOPATHIE FÜR PFLANZEN

Der praktische Leitfaden für Zimmer-, Balkon- und Gartenpflanzen. Mit Ergänzungen von Cornelia Maute.

232 Seiten, kart., Best.-Nr. 19720 • **€ 28,–**

Greg McKeown

ESSENTIALISMUS

Die konsequente Suche nach Weniger. Ein neuer Minimalismus erobert die Welt.

304 Seiten, kart., Best.-Nr. 22841 • **€ 19,80**

Direkt bestellen bei: www.narayana-verlag.de

In unserem Onlineshop führen wir ein großes Sortiment an Büchern über gesunde Lebensführung, Naturkost-Produkte, Superfoods und vieles mehr.

Online finden Sie ausführliche Informationen zu den einzelnen Titeln sowie aussagekräftige Leseproben.

Bestellhotline:

0049 (0) 76 26 97 49 70-0
Täglich 7.30 bis 21.00 Uhr, auch am Wochenende

Narayana Verlag GmbH,
Blumenplatz 2, D-79400 Kandern
info@narayana-verlag.de

Versandkosten: Innerhalb Deutschlands ist Versand von Büchern portofrei, für andere Produkte: € 2,80. Ab Auftragswert von € 19,– ist Versand für alle Produkte portofrei. Österreich, Schweiz: Ab Auftragswert von € 60,– ist Versand portofrei.

Geschäftsführer: Dr. Herbert und Katrin Sigwart, HR: Amtsgericht Freiburg, HRB 413609, Redaktioneller Inhalt: Dr. Katrin Sigwart. Preisänderungen oder Irrtümer sind vorbehalten.

Mais
Roggen

HIRSEARTIGES GETREIDE

HIRSE zählt neben Weizen und Gerste zu den ältesten kultivierten Getreidearten. Sie stammt ursprünglich aus Mittelasien, in China wurde sie bereits vor 10.000 v. Chr. angebaut. In alten Schriften wird Hirse immer dann erwähnt, wenn von Weizen die Rede ist. Die Römer genossen Hirse in Form von Brei, aus Kolbenhirse backten sie Brot (panis). Sie gehört zu den ersten Getreidearten, die in Europa für die menschliche Ernährung angebaut wurden.

Zum hirseartigen Getreide (Hirse) werden zahlreiche Pflanzenarten und -gattungen gerechnet, die kleinere, runde Samen haben. Auch das bei uns immer bekannter werdende Teff (*Eragrostis tef* – (Zucc.) Trotter.) zählt zur Hirse. Noch heute ist es das wichtigste Getreide in Äthiopien.

REIS (*Oryza sativa* L.) stammt aus Asien, einige kultivierte Arten aber auch aus Afrika. In China wurde er schon vor 3000 v. Chr. angebaut. Nach Europa gelangte er zur Zeit Alexanders des Großen im 4. Jahrhundert v. Chr. Auch die Griechen und Römer kannten ihn bereits, doch konnte er sich bei ihnen nicht als Nahrungsmittel durchsetzen. Im 7. Jahrhundert brachten die Araber den Reis aus Ägypten über Spanien nach Europa, von dort verbreitete er sich in Italien. Zu seinen Unterarten zählen der am weitesten verbreitete gewöhnliche dickkörnige Reis (*Oryza sativa* L. ssp. communis) und der Kleinkornreis (*Oryza sativa* L. ssp. brevis). Das Reiskorn ist von einem Spelz umhüllt.

MAIS (*Zea mays* L.) ist das einzige Getreide, das aus Amerika stammt (Mexiko und Peru), wo er bereits 4500 v. Chr. angebaut wurde. Er war für die Maya und die Indianer Mexikos eine heilige Pflanze, auch die Inka und Azteken kannten ihn. Nach Europa gelangte der Mais durch eine Expedition von Columbus (die erste 1492 oder die zweite 1449). Von Spanien aus breitete er sich nach Norden und Osten aus. Die Venezianer brachten ihn auf ihren Handelswegen in den gesamten Mittelmeerraum. Nach Slowenien gelangte er angeblich im 17. Jahrhundert durch die Türken, daher war er bis Mitte des 20. Jahrhunderts auch als »Türkenkorn« (Türkenweizen) bekannt. Der heutige Name setzte sich bei den Slawen im 20. Jahrhundert durch.

Zum Mahlen für Mehl und Maisgrieß eignet sich am besten der Hartmais. Mais ist in Mittel- und Südamerika, Asien und Afrika noch immer ein Hauptnahrungsmittel. Er bringt den höchsten Ertrag unter allen Getreidearten und steht hinsichtlich des weltweiten Anbaus an erster Stelle.

NICHTGETREIDE

BUCHWEIZEN (*Fagopyrum esculentum* Moen.) ist eine zweikeimblättrige Pflanze und zählt zu den Knöterichgewächsen (Polygonaceae), daher rechnet man ihn zu den Pseudogetreiden. Er stammt aus dem Südwesten Chinas, von wo aus er sich langsam nach Bhutan, Nepal, Indien und Pakistan ausbreitete. Da er auf einer Höhe von 3000 m ü. M. gedeiht, ist er in Bhutan und Nepal noch heute eine bedeutende Ackerfrucht. In Europa wurde der Buchweizen erstmals 1396 erwähnt. Bei uns kannte man Schwarzbrot, das nur aus Buchweizenmehl bestand, im 17. Jahrhundert auch Mischbrot aus Buchweizen-, Hirse- und Gerstenmehl. Nach dem Zweiten Weltkrieg geriet er in Europa allmählich in Vergessenheit, vor allem aufgrund der größeren Erträge von Weizen, Gerste und Mais.

Die Frucht des Buchweizens ist ein dreieckiges Korn mit unterschiedlich scharfen und gezahnten Rändern, auch Nüsschen genannt. Buchweizenkörner enthalten Proteine mit hohem biologischen Wert. Ihr Aminosäuregehalt deckt unseren täglichen Bedarf. Im Vergleich zu Weizen, Soja oder Fleisch sind Proteine aus Buchweizen hochwertiger. Aufgrund des steigenden Bewusstseins der Menschen für eine ausgewogene Ernährung und Qualität von Buchweizenmehl wird vermehrt Buchweizen angebaut.

QUINOA (*Chenopodium quinoa* Willd.) oder Gänsefuß ist ein bei uns weniger bekanntes Pseudogetreide, das aus den Anden in Südamerika stammt, wo es noch heute als bedeutende Kultur gilt. Es wurde schon vor 3000 bis 5000 Jahren verwendet. Angebaut wurde es von den Inkas, die Quinoa »Mutterkorn« nannten. Während des Ersten Weltkriegs wurde es auch in Deutschland angebaut. Die Quinoa-Samen enthalten viele Proteine, Saponine, Aminosäuren, natürliche Antioxidantien (Vitamin E, Alpha- und Gamma-Tocopherole), die Vitamine E, B2, B6, Folsäure, Biotin und Mineralien. Der Samen bietet Fette, Stärke und Proteine in einem idealen Verhältnis.

AMARANT (*Amaranthus* sp.) ist ebenfalls ein Pseudogetreide. Seine Heimat sind Mexiko und Südamerika. Zur Zeit der präkolumbianischen amerikanischen Zivilisation zählte er zu den unverzichtbaren Nahrungsquellen. In Mexiko wurde er bereits 4000 v. Chr. angebaut. Für die Azteken war Amarant neben dem Mais ein Hauptnahrungsmittel. Amarant hat einen hohen Gehalt an Proteinen (zwischen 12 und 18 %) und Lysin (5 %), Fetten (zwischen 7 und 8 %) und Squalen (4,5 %), Mineralien und Vitaminen, Ballaststoffen (4 %), Farbstoffen und Lektinen sowie Kohlenhydraten, durchschnittlich 65 % (65 g pro 100 g Körner).

Das Korn jedes Getreides besteht aus einem Kern (Endosperma), einer Schuppe und einem Keimling. Der Kern ist in zwei Teile geteilt, in den inneren Teil oder Mehlkörper (auch Mehlkern) und den äußeren Teil, die Aleuronschicht. Im inneren Teil, der den größten Teil des gesamten Korns ausmacht, sind die meiste Stärke und die meisten Proteine enthalten. Die Hauptbestandteile der Aleuronschicht sind lösliche Proteine, Ballaststoffe (Zellulose), Vitamine, Mineralien und Enzyme. Die Schuppe bedeckt das Korn und steckt voller Ballaststoffe, Vitamine, Mineralien, Enzyme und einiger löslicher Proteine. Im Keimling befinden sich Fette, lösliche Proteine, Vitamine und Enzyme. (Horvat, 2010)

AUS DIESEM MEHL WIRD BROT

Aus dem oben beschriebenen Getreide und Pseudogetreide wird durch Mahlen zwischen Steinen oder Stahlwalzen Mehl gewonnen. »Aus diesem Mehl wird kein Brot«, lautet ein bekanntes slowenisches Sprichwort. Dass Mehl nicht gleich Mehl ist, haben Sie sicher schon selbst festgestellt. Die verschiedenen Mehlsorten werden in eigenbackfähiges und nicht eigenbackfähiges Mehl unterteilt. Eigenbackfähiges Mehl ist Mehl, mit dem eigenständig Brot angeteigt werden kann und das entweder Proteine enthält, die in Kontakt mit Wasser Gluten oder Schleimstoffe (Pentosane) bilden, die in Wasser aufquellen. Nicht eigenbackfähiges Mehl hat nur wenige oder gar keine dieser Proteine. Diesen Mehlsorten muss man für einen Teig, der gut aufgehen soll, noch eigenbackfähiges Mehl hinzufügen oder sie abbrühen, damit die Stärke das Wasser bindet. Eigenbackfähiges Mehl erhält man durch Mahlen gewöhnlichen Weizens, Roggens, Dinkels und Triticales. Zu nicht eigenbackfähigem Mehl zählt unter anderem jenes aus Buchweizen, Mais, Hirse, Teff und Reis, die kein Gluten enthalten, aber auch Gerstenmehl, das Gluten enthält. Hafermehl enthält zwar kein Gluten, aber dafür ein anderes Protein, Avenin, das dem Gluten ähnlich ist.

Das verbirgt sich im Mehl

Mehl besteht größtenteils aus Kohlehydraten (KH). Einfache KH bezeichnet man als Monosaccharide (z. B. Glukose und Fruktose). Diese verbinden sich zu zusammengesetzten oder komplexen Zuckern (Disaccharide, z. B. Maltose, und Polysaccharide, darunter am häufigsten Stärke). Stärke besteht aus Amylose und Amylopektin. Da Stärke in ihrer ursprünglichen Form für Hefen, die sich von einfachen Zuckern ernähren, nicht zugänglich ist, kommen ihnen die Enzyme zu Hilfe, und zwar die Amylasen. Diese wandeln die zusammengesetzten Zucker in einfache Zucker um. Wenn man zum Mehl Wasser hinzugibt und dadurch diese Enzyme aktiviert, beginnen sie zu arbeiten und können sich dank des Wassers auch durch den Teig bewegen.

An zweiter Stelle stehen Proteine in unterschiedlichen Mengen und Qualitäten. Einige Proteine sind wasserlöslich, andere bilden im Kontakt mit Wasser Gluten. Diese zwei Proteinarten heißen Glutenin und Gliadin. Glutenin sorgt für die Elastizität und Kraft des Teigs, Gliadin gewährleistet die Dehnbarkeit und Viskosität. Wenn man Wasser zum Mehl hinzugibt, verbinden sich Glutenin und Gliadin zu Gluten und zu Ketten, die sich wiederum zu einem Glutengitter verbinden, in dem das Kohlendioxid hängen bleibt, das die Hefen während der Fermentation bilden. Je mehr dieser Proteine vorhanden sind, desto höher ist die Aufnahmefähigkeit des Mehls für Wasser. Durch die Zugabe von Wasser zum Mehl wird auch das Enzym Protease aktiviert, das die Proteine abbaut.

Neben Kohlehydraten und Proteinen finden sich im Mehl auch Mineralien, Vitamine, Fette und Ballaststoffe (Zellulose).

In Deutschland werden die Mehlsorten nach Typen unterschieden.

Sicher haben Sie auf Mehlpackungen schon die Bezeichnungen Type 405, Type 550 oder Type 812 bemerkt und sich gefragt, was sie bedeuten sollen. Diese Zahlen geben an, wie viel Asche nach dem Verbrennen von 100 g Mehl übrig bleibt, was dem Mineralstoffgehalt entspricht. So verbleiben nach dem Verbrennen von 100 g Mehl der Type 405 0,405 % Asche, also 405 mg. Je niedriger die Typenzahl des Mehls, desto mehr Nährstoffe wurden entfernt.

Standardtypen von Weizenmehl aus gewöhnlichem Weizen:

- Mehl Type 405 mit bis zu 0,405 % Asche;
- Mehl Type 550, das 0,55 % Asche, viel Stärke und wenig Proteine enthält, aber von guter Qualität ist und daher gute Backeigenschaften besitzt;
- Mehl Type 812 mit 0,812 % Asche, das mehr Proteine enthält, die jedoch von geringerer Qualität sind als bei Type 550, mehr Zellulose und Fette, also mit höherem Nährwert;
- Mehl Type 1050 mit 1,05 % Mineralstoffen und Type 1600 mit 1,6 % Mineralstoffen, die viele Eiweiße geringerer Qualität, Teile der Schuppen und des Keimlings und demzufolge auch mehr Vitamine, Mineralstoffe und Zellulose enthalten;
- Vollkornweizenmehl, das das gesamte Weizenkorn (Kern, Schuppe, Keimling) enthält und daher auch am nahrhaftesten ist.

Die Weizenmehlarten niedrigeren Typs enthalten hochwertigere Eiweiße (besseres Gluten bzw. besseren Klebstoff), daher geht Brot aus diesem Mehl auch besser auf, hat eine schönere und offenere Krume mit größeren Poren. Mehl höheren Typs dagegen enthält weniger hochwertige Eiweiße, aber dafür mehr Nährstoffe. Daher hat Brot aus diesen Mehltypen ein geringeres Volumen, eine geschlossenere Krume, aber auch einen volleren und besseren Geschmack.

Wie bereits beim Hartweizen erwähnt, eignet sich dieser auch für die Zubereitung von Brotteig. Es gibt Hartweizengrieß, der sich nicht zum Brotbacken eignet, und Hartweizenmehl, das man für Teig verwenden kann. Grieß (it. *semola*) kann man zu Hause noch einmal mahlen, wenn man eine Mühle besitzt. Auch Mehl (it. *semola rimacinata* – doppelt gemahlen) kann zu Hause noch einmal gemahlen werden, da es sich gröber anfühlt. So erhält man feineres Mehl. Ich persönlich mahle auch selbst nach.

Mehl der Sorte Manitoba ist ein besonderes Weichweizenmehl mit einem hohen Anteil an glutenbildenden Proteinen. Dieses Mehl eignet sich zum Mischen mit anderen Mehlsorten mit schwachem Gluten, um den Teig zu festigen.

Wenn Sie in Österreich oder der Schweiz wohnen, kennen Sie vermutlich folgende Kennzeichnungen: in Österreich 480 (vergleichbar mit 405), W700 (zwischen 550 und 812), W1600 (entspricht Type 1600) und W1800 (entspricht dem deutschen Vollkornmehl); in der Schweiz Weißmehl (entspricht etwa Type 405 und 550) Halbweißmehl (entspricht Type 812), Ruchmehl (entspricht etwa Type 1050) und Vollkornmehl (entspricht deutschem Vollkornmehl). In Italien gibt es die Typen 00 (ähnlich 405), 0 (ähnlich 550), 1 (ähnlich 812), 2 (ähnlich 1050) und *integrale* (entspricht Vollkornmehl). Die Bezeichnungen decken sich nicht vollständig, die Angaben in Klammern dienen nur einer ungefähren Veranschaulichung.

Vielleicht sollte noch der Unterschied zwischen griffigem und glattem Mehl erwähnt werden, der lediglich in der Größe der Mehlpartikel besteht. Ersteres hat größere Partikel, letzteres kleinere.

Standardtypen von Dinkelmehl:

- Dinkelmehl Type 630 - Mehl, das mit Weizenmehl vergleichbar ist;
- Vollkorndinkelmehl, aus dem ganzen Dinkelkorn gemahlen.

Obwohl Dinkel mehr Eiweiße enthält als Weizen, ist die Zusammensetzung dieser Eiweiße anders und bildet einen schwächeren Klebstoff. Teig aus Dinkelmehl ist dehnbarer, aber nicht so elastisch wie solcher aus Weizenmehl. Teig, der nur aus Dinkelmehl und freigeschoben, also ohne Form verarbeitet wird, läuft sehr leicht auseinander und das Brot ist folglich recht flach. Daher sollte man bei Dinkelmehl weniger Wasser (ca. 55-60 %) verwenden als bei Weizenmehl.

Standardtypen von Roggenmehl:

- Roggenmehl Type 815,
- Roggenmehl Type 997,
- Roggenmehl Type 1150, 1370, 1740
- und Vollkornroggenmehl.

Die glutenbildenden Eiweiße des Roggens unterscheiden sich von jenen des Weizens, da Roggen Schleimstoffe enthält, die als Pentosane bezeichnet werden. Diese binden das Wasser und bilden so anstelle eines Glutengitters die Teigstruktur. Aufgrund dessen kann man mit Roggenmehl allein kein Brot backen, da dieses sonst flacher und kompakter wird. Gerade bei Roggenmehl ist die Verwendung von Sauerteig beim Anteigen besonders notwendig, damit das Brot eine schöne Krume bildet.

Hinweise zur Verwendung der verschiedenen Mehlsorten

Für Backanfänger ist zweifellos das Backen mit Weizenmehl am einfachsten, und zwar mit Type 550 oder 812. Verwenden Sie diese beiden Sorten einige Male einzeln, da sich mit ihnen die Verfahren und Techniken am einfachsten erlernen lassen. Wenn Sie bereits mehr Backerfahrung haben, empfehle ich Ihnen, ein gutes Verhältnis zwischen den Mehltypen zu finden und sie zu mischen, damit Ihr Brot gut aufgeht, eine schöne und luftige Krume bildet und gut schmeckt. Bei Mehl aus sogenanntem Urgetreide (Einkorn, Emmer, Kamut), Gerste, Hafer, Mais oder Buchweizen verwenden Sie bis zu 30 % dieses Mehls. Glutenfreies Mehl muss vor dem Anteigen gebrüht werden, damit die Stärke das Wasser bindet und »verleimt«.

Mischen Sie Vollkornmehl im Verhältnis von 50 % mit Weißmehl oder Mehl mit einem höheren Glutengehalt, da Sie so ein besseres Volumen und eine schönere Krume erhalten. Außerdem wird das Brot aufgrund des höheren Gehalts an Ballaststoffen gesünder und schmackhafter.

Dies sind selbstverständlich nur Empfehlungen - probieren Sie möglichst viele Kombinationen aus, wenn Sie den gesamten Vorgang vom Anteigen bis zum Backen beherrschen. Wann immer ich kann, mahle ich zu Hause selbst Getreide (vor allem Weizen, Dinkel, Einkorn und Emmer), kurz bevor ich es für den Teig verwende. Ich benutze dazu die Mühle Fidibus Classic des Herstellers KoMo mit Mühlsteinen, mit der ich sehr zufrieden bin, da ich die Ausmahlung einstellen kann, das Mehl sich nicht erwärmt und sie auf der höchsten Stufe sehr fein mahlt. Solch frisches Mehl ist am lebendigsten und enthält am meisten Mineralien und Vitamine. Außerdem ist der Duft frisch gemahlenen Mehls geradezu berauschend. Wenn Sie zu Hause mahlen, verwenden Sie das Mehl gleich nach dem Mahlen, spätestens innerhalb von 24 Stunden. Anderenfalls ist es meiner Erfahrung nach besser, wenn das Mehl ein wenig ruht. Sie können die Körner vor dem Mahlen auch einfrieren und so eine eventuelle Erwärmung verringern.

Dinkelmehl

Roggenmehl

Weizen-
vollkornmehl
Weizen-
mehl
Buchweizen-
mehl

ERKLÄRUNG DER BÄCKERPROZENTE

Viele Rezepte, vor allem ausländische, enthalten Angaben in Prozent, was bedeutet, dass alle Mengen in Bezug auf die Gesamtmenge an Mehl im Teig berechnet werden. Zur Bestimmung des Gewichts der übrigen Zutaten wird das Gewicht der einzelnen Zutaten im jeweiligen Anteil vom Gesamtgewicht des Mehls abgewogen. Beim Schreiben und Lesen von Rezepten ist daher die Berechnung einfacher, wenn man beispielsweise mit 1000 g oder 500 g oder vielleicht auch nur 300 g Mehl backen möchte. So kann man die Menge der Zutaten viel leichter an die eigenen Bedürfnisse anpassen. Wie ich bereits zu Anfang erwähnt habe, ist die Waage eine gute Freundin, zumindest zu Beginn des Backens. Wenn Ihnen das Abwiegen nicht so liegt, können Sie es auch ohne versuchen.

Beispiel:

REZEPT:
1000 g Mehl (z. B. 500 g Type 550, 400 g Type 812, 100 g Roggenmehl)
600 g Wasser
20 g Salz
200 g Sauerteig
1000 g Mehl sind 100 %.

- 600 g Wasser sind 600 geteilt durch 1000 = 0,6 beziehungsweise 60 %.
- Die Wasser- oder Flüssigkeitsmenge im Teig beträgt also 60 %.
- 20 g Salz ist 20 geteilt durch 1000 = 0,02 beziehungsweise 2 %.
- Für gewöhnlich beträgt die Salzmenge im Teig zwischen 1,5 und 2 Prozent.
- 200 g Sauerteigansatz sind 200 geteilt durch 1000 = 0,2 beziehungsweise 20 %.

In Prozent ausgedrückt lautet das Rezept also folgendermaßen:
100 % Mehl (50 % Type 550, 40 % Type 812, 10 % Roggen)
60 % Wasser
2 % Salz
20 % Sauerteig

Notiz für ein Rezept mit 400 g Mehl

400 g Mehl (100 %)
240 g Wasser (60 %)
8 g Salz (2 %)
80 g Sauerteig (20 %)

40 g Samen (10 %)

Europäische Mehle nehmen nicht so viel Wasser auf wie beispielsweise amerikanische oder einige englische Mehlsorten, daher empfehle ich, mit einem geringeren Wasseranteil zu beginnen, um die 60 Prozent beziehungsweise um die 55 Prozent bei Dinkel.

Vollkornmehle und Roggenmehl nehmen das Wasser besser auf, da sie einen höheren Anteil an Kleie (Kornhülsen) enthalten, so dass Sie bei diesen Mehlsorten mehr Flüssigkeit hinzugeben können. Beginnen Sie bei 65 Prozent. Sie können später immer noch Wasser hinzufügen.

SAUERTEIG, WAS IST DAS?

Die meisten von uns lieben köstlichen Käse, sprudelndes Bier, edle Weine, Trockenfleisch, Kaffee und Vanille, Sauerkraut und saure Rüben und vieles mehr. Bei all diesen Lebensmitteln spielen Mikroorganismen eine wichtige Rolle, genau wie beim Sauerteig. Die Gärung ist eine der wichtigsten Methoden zum Haltbarmachen und auch Verbessern von Lebensmitteln und spielt in der menschlichen Entwicklung eine bedeutende Rolle. Die köstlichsten Speisen und Getränke sind häufig durch Gärung entstanden.

Bakterien und Hefen leben überall um uns herum und auch in uns. Der Begriff »Mikrobiom« bezeichnet alle Mikroorganismen, die in und auf unserem Körper leben. Im Laufe der Evolution haben sie sich an das Leben mit uns angepasst und wir uns an das Leben mit ihnen, wir leben also in einer schönen Symbiose. Genauso ist es mit Sauerteig. Sauerteig ist ein natürliches Backtriebmittel – ein einfaches Gemisch aus Mehl und Wasser, das im Laufe der Zeit in Wärme spontan zu gären beginnt.

Einfacher geht es wirklich nicht. Aus diesen beiden Zutaten kann man eine eigene »wilde« Hefe herstellen, die die Bäcker- / Bierhefe vollständig ersetzt.

Anfangs konnte ich mir einfach nicht vorstellen, dass das überhaupt möglich ist. Mehl selbst ist nicht lebendig, doch wenn man Wasser hinzugibt, eine Quelle des Lebens, wird dieses Mehl lebendig, beginnt zu blubbern und sich auszudehnen. Darin wimmelt es nur so von verschiedenen winzigen Organismen oder Mikroorganismen, die jedoch nicht nur im Mehl, sondern auch in der Luft vorhanden sind. Als ich vor über vier Jahren mit meinen Forschungen begonnen habe, was Sauerteig überhaupt ist und warum Brot aufgeht, habe ich im Internet und in der ausländischen Literatur viele Informationen gefunden. Viele Nationen kennen Sauerteig. Die Amerikaner nennen ihn entsprechend der deutschen Bezeichnung »sourdough«. Bei den Italienern heißt er »lievito madre« (Mutterhefe), bei den Franzosen »levain« und bei den Russen »zakvaska«, und die spanische Bezeichnung lautet »massa madre« (Mutterteig), wobei ein Teil des Teigs für den nächsten Backvorgang aufgehoben wird. In Slowenien bezeichnet man ihn als »droži«. Alle diese Bezeichnungen beziehen sich auf ein Gemisch aus Mehl und Wasser.

Es gibt zwei verschiedene Erklärungen, wo und wie die Menschen überhaupt entdeckten, dass sie dieses fermentierte Gemisch zum Backen verwenden konnten, gibt es zwei verschiedene Erklärungen. Das erste Brot mit Sauerteig stammte aus Ägypten, etwa aus der Zeit zwischen 4000 und 3000 v. Chr. Der Legende nach hatte eine Frau bei der Zubereitung eines Brotes einen Teil des Teigs vergessen. Da das Klima am Nil sehr feucht und warm ist, ging der Teig stark auf, bis sie ihren Fehler bemerkte. So verwendete sie ihn für den nächsten Teig und buk ihn dann. Dieses Brot war sehr viel weicher als die vorherigen, die nicht mit Sauerteig gebacken waren. So wurde das Backen mit Sauerteig entdeckt. Die zweite Version besagt, dass die Ägypter, die bereits die Bierherstellung kannten, damit begannen, Schaum zu verwenden, um Brot zum Aufgehen zu bringen.

Und warum ist Sauerteig so wichtig? Nicht nur, weil er ein erhaltenswertes Kulturerbe darstellt, sondern auch, weil mit Sauerteig hergestellte Backwaren sehr viel nahrhafter, leichter verdaulich und schmackhafter sind.

SAVE

RTEIG

PROZESSE IM SAUERTEIG – GÄRUNG

Das geschieht im Sauerteig, damit der Teig aufgeht

Eine einfache Erklärung der Vorgänge im Sauerteig wäre folgende: Wenn man zum Mehl Wasser hinzufügt, löst man eine spontane Fermentation (Gärung) aus, da hierdurch die enthaltenen Enzyme, Milchsäurebakterien und wilden Hefen aktiviert werden. Diese Kleinstlebewesen befinden sich nicht nur im Mehl, sondern auch in der Luft, auf unseren Händen und auch sonst überall. Sauerteig ist ein Mikrosystem, in dem Milchsäurebakterien und Enzyme mit dem Abbau zusammengesetzter Zucker in einfache Zucker beginnen. Von diesen Zuckern ernähren sich die wilden Hefen, die dann Ethanol und Kohlendioxid produzieren. Letzteres bleibt im Glutengitter hängen und sorgt dafür, dass der Teig aufgeht.

Da sich Milchsäurebakterien von Maltose ernähren, die die wilden Hefen nicht verdauen können, konkurrieren diese Mikroorganismen auch nicht um dieselbe Art von Nahrung. Wie der Name bereits sagt, scheiden die Milchsäurebakterien in diesem Prozess Milchsäure aus, aber auch Essigsäure, aromatische Verbindungen, einige auch Kohlendioxid und Ethanol. Da dieses Umfeld sauer ist, gedeihen darin nur bestimmte Hefen. Ein interessanter Fakt: Das Verhältnis zwischen Milchsäurebakterien und wilden Hefen im Sauerteig beträgt 100:1.

Wenn Sauerteig jedoch zu sauer wird, einen scharfen und säuerlichen Geruch hat, mangelt es ihm an Nahrung. Doch Hefen hören nur auf zu arbeiten und gehen nicht ein. Im Folgenden werden wir auch für dieses Problem eine Lösung finden.

Die Gärung und damit die Gare (das Aufgehen) des Teigs werden durch folgende Faktoren beeinflusst:

- die Menge des Sauerteigs und seine Aktivität: Wenn man mehr hinzugibt, geht der Teig schneller auf, wenn man weniger hinzugibt, geht er langsamer auf;
- Wärme: Höhere Temperaturen (von Wasser und Umgebung) regen die Aktivität der Hefen und Milchsäurebakterien an, niedrigere verlangsamen sie. Wenn man den Teig in den Kühlschrank stellt, verlangsamt man die Gare und der Teig entwickelt einen noch besseren Geschmack. Die ideale Temperatur für die Gare, die sowohl für die Bakterien als auch für die Hefen geeignet ist, liegt bei 25–26 Grad Celsius;
- die Mehlsorte: Bei der Verwendung von Roggen- und Vollkornmehl geht der Teig schneller auf, mit weißem Mehl langsamer;
- die Menge an Salz, das einerseits die Wirkung der Mikroorganismen hemmt und andererseits das Gluten stärkt, sowie die Menge an Zucker, der in geringeren Anteilen (bis zu fünf Prozent) die Aktivität der Hefen und Bakterien fördert, sie in größeren Mengen jedoch verlangsamt.

Zum Vergleich: In Bäcker- oder Bierhefe befindet sich nur eine Hefe der Art *Saccharomyces cerevisiae*, die dafür ausgewählt wurde, den Teig so schnell wie möglich aufgehen zu lassen. Auch die Konzentration dieser Hefe ist in Bäckerhefe ungleich höher als im Sauerteig, aber in Letzterem befinden sich viele verschiedene Arten, die am besten in einem sauren Milieu gedeihen. Da mit dieser Bäckerhefe der Teig bereits in weniger als zwei Stunden aufgeht, füllt sie das Gemisch schnell mit Kohlendioxid. Gerade aufgrund dieses schnellen Aufgehens verspüren einige nach dem Verzehr ein Aufgeblähtsein und ein Spannungsgefühl, da die Milchsäurebakterien keine Zeit haben, ihre Arbeit zu verrichten. Dabei darf man aber auch nicht den charakteristischen Geruch nach Bäckerhefe vergessen, der aufgrund ihres übermäßigen Gebrauchs entsteht. Mir ist aufgefallen, dass ich am Geruch eines Brotes feststellen kann, ob es mit gewöhnlicher Hefe gebacken wurde. In der Regel dauert es eine Weile, bis sich unsere Geschmacksknospen an Brot mit Sauerteig gewöhnt haben, aber dann möchte man nichts anderes mehr als Backtriebmittel verwenden.

ERKLÄRUNG UND VORTEILE DIESER BACKWEISE

Nun wissen wir bereits, was im Sauerteig vor sich geht und warum er die damit hergestellten Backwaren aufgehen lässt. Dieses Unterkapitel dient der Erklärung, warum diese Backmethode unserer Gesundheit und einer guten Darmflora zuträglich ist und warum der Geschmack ungleich besser ist als bei Backwaren, die mit Bäckerhefe hergestellt wurden.

Bessere Verdaulichkeit

Backwaren, die mit Sauerteig zubereitet werden, sind schon teilweise verdaut, da die Milchsäurebakterien und wilden Hefen einen großen Teil der Arbeit für uns übernehmen, indem sie die Stärke teilweise abbauen.

Verringerung des Glutengehalts

Durch die längere Vorbereitung und die Gärung wird Weizenmehl leichter verdaulich und die Glutenmenge verringert sich, da die Milchsäurebakterien gemeinsam die Gluten bildende Gliadine und Glutenine abbauen. Das bedeutet natürlich nicht, dass Brot mit Sauerteig überhaupt kein Gluten enthält, aber in dieser fermentierten Form ist es besser für den Körper und leichter zu verdauen.

Für den Körper nützliche Verbindungen

Beim Gärvorgang und dann beim Backen entstehen Verbindungen, die für den Körper nützlich sind: Antioxidantien, Peptide (Lunasin, das gegen Krebszellen wirkt) und verschiedene antiallergene Stoffe.

Niedrigerer glykämischer Index

Brot macht dick - solche Aussagen sind wir bereits gewohnt, daher wird es für gewöhnlich von allen gemieden, die zu Übergewicht neigen. Dass es dick macht, gilt in zahlreichen Fällen für mit gewöhnlicher Bäckerhefe hergestelltes Weißbrot. Produkte mit Sauerteig haben jedoch aufgrund der organischen Säuren, die bei Kontakt mit Hitze reagieren und so die Verfügbarkeit von Stärke verringern, einen niedrigeren glykämischen Index. Bei Vollkornbrot und bei Brot, das mit Mehl aus gekeimtem Getreide hergestellt wurde, ist dieser Index am niedrigsten. Brot mit Sauerteig sättigt daher auch mehr, statt zwei oder drei Scheiben genügt oft eine. Doch wegen des ausgezeichneten Geschmacks ist es schwer, nach einer Scheibe aufzuhören!

Das Brot bleibt länger frisch

Die von den Milchsäurebakterien produzierte Essigsäure sorgt dafür, dass Backwaren mit Sauerteig länger frisch bleiben und sich länger halten, nicht zerkrümeln und besser altern. Brot mit Sauerteig ist auch nach mehreren Tagen noch sehr gut, das gilt insbesondere für Roggenbrot, das mit zunehmendem Alter noch geschmackvoller wird. Dieser natürliche Säuregehalt verhindert zudem die Bildung von Schimmel und das Fadenziehen.

Weichere Krume

Durch den Sauerteig erhält die Krume eine gleichmäßigere und kompaktere Struktur, die auch mehrere Tage nach dem Backen erhalten bleibt; außerdem ist sie durch die Milchsäurebakterien weicher.

Besserer Geschmack

Der gute und volle Geschmack sowie das Aroma sind den Milchsäurebakterien zu verdanken, in geringerem Maße auch den wilden Hefen. Während der Gärung entstehen verschiedene aromatische Verbindungen, die den Backwaren mit Sauerteig mehr Geschmack verleihen.

Bessere Verwertung von Nährstoffen und Mineralien

Getreide enthält von Natur aus Phytinsäure, die den Körper daran hindert, wichtige Mineralien wie Kalzium, Magnesium, Zink und Eisen aufzunehmen. Durch die Verwendung von Sauerteig und eine längere Gärung wird diese Säure neutralisiert, so dass der Körper die im Mehl vorhandenen Mineralien nutzen kann. Am meisten Phytinsäure enthalten Roggenmehl und alle Vollkornmehlsorten.

Keine zeitliche Beschränkung

Ein weiterer Vorteil des Backens mit Sauerteig ist, dass man nicht neben dem Teig stehen und aufpassen muss, dass er nicht überläuft, wie es mit Bäckerhefe geschehen kann. So haben Sie genügend Zeit, den richtigen Moment für das Backen und alle anderen Schritte bei der Vorbereitung zu erwischen, da wilde Hefen und Milchsäurebakterien einen langsamen Stoffwechsel haben und der Teig daher auch langsam aufgeht. Während die Mikroorganismen aktiv sind, können Sie Ihre Hausarbeit erledigen, zur Arbeit fahren, einkaufen gehen, schlafen …

JETZT GEHT ES LOS: ANSETZEN DES ANSTELLGUTS UND ZUBEREITUNG DES SAUERTEIGS

Aus guten Zutaten wird ein gutes Anstellgut und zuletzt auch gutes Brot. Bei der Zubereitung von Sauerteig und beim Backen selbst achte ich darauf, dass die von mir verwendeten Zutaten lokaler Herkunft sind und nach Möglichkeit aus biologischem Anbau stammen. Daher kaufe ich das meiste Mehl bei einem Verein für Selbstversorgung mit lokalen Erzeugnissen und bei Müllern aus der Region, die alle ihr Getreide selbst anbauen und verarbeiten.

Zu Beginn ist das Anstellgut noch ein wenig empfindlich, daher empfehle ich die Verwendung von Mehl aus der Mühle, am besten steingemahlenes, sowie chlorfreies Wasser (filtern oder über Nacht stehen lassen, da Chlor Hefen und Bakterien zerstört). Roggenmehl arbeitet aufgrund des höheren Gehalts an Mineralien und Mikroorganismen am schnellsten, geeignet ist auch Vollkornweizenmehl. Nehmen Sie ein sauberes Glas mit Schraubdeckel, so dass Sie beobachten können, was darin vor sich geht. Das Volumen sollte nicht zu groß und nicht zu klein sein, 360 - 400 ml reichen vollkommen. Da Mehl auch Rückstände von Pestiziden oder Fungiziden enthalten kann, ist es besser, Mehl aus biologischem Anbau zu verwenden, da Fungizide ja die Aktivität von Pilzen, also Hefen, verhindern sollen - gerade die möchten wir jedoch anregen.

Das ist meine Methode und ich bin damit sehr zufrieden, da ich so schnell Sauerteig parat habe. Es gibt jedoch auch andere Methoden. Einige geben dem Gemisch aus Mehl und Wasser noch frischen Fruchtsaft (Ananassaft) hinzu, andere passiertes Obst, wieder andere Kefir, Dickmilch oder Honig. Alle diese Zusätze sind nicht erforderlich, da man mit ihnen andere Milchsäurebakterien und Hefen anlockt, als im Mehl natürlicherweise enthalten sind. Sauerteig gelingt auch mit Mehl aus dem Supermarkt, es wird nur vermutlich etwas länger dauern. Geben Sie die Hoffnung nicht auf, sondern warten Sie geduldig, bis in dem Mehlgemisch Leben erwacht - bis der Sauerteig lebendig wird! Wenn Ihnen das genaue Abwiegen nicht so liegt, bereiten Sie eine dichtere Masse aus Mehl (1 gehäufter Esslöffel Mehl = ca. 20 g) und Wasser (1 Esslöffel Wasser = 10 g) zu, dem Sie dann Tag für mehr Mehl und Wasser beimischen. Sie ernähren damit die Kleinstlebewesen, die sich im Mehlgemisch vermehren.

Hilfsmittel: ein sauberes Glas mit Schraubdeckel (bis 360 ml), Esslöffel, Digitalwaage

Zutaten: Mehl, Wasser, Zeit und Geduld

Erster Tag

Mischen Sie in einem Glas 20 g Roggenmehl (am aktivsten) und 20 g Wasser, verschließen Sie das Glas nicht völlig mit dem Schraubverschluss und lassen Sie es an einem warmen Ort stehen. Im Winter können Sie etwas wärmeres Wasser verwenden und das Glas in eine Decke wickeln. Lassen Sie es nicht in der Nähe eines Heizkörpers stehen, da eine zu hohe Temperatur die Entwicklung der wilden Hefen beeinträchtigt und sie dadurch eingehen können. Rühren Sie zweimal täglich ein wenig durch.

Zweiter Tag

Geben Sie erneut 20 g Roggenmehl und 20 g Wasser in das Glas und mischen Sie alles gut. Rühren Sie es zweimal täglich ein wenig durch.

Dritter Tag

Geben Sie 30 g Roggenmehl und 30 g Wasser hinzu. Im Glas müssten erste Anzeichen von Aktivität zu bemerken sein. Das Gemisch sollte ein wenig an Volumen zunehmen und säuerlich riechen. Rühren Sie es zweimal täglich ein wenig durch.

Vierter Tag

Nehmen Sie die Hälfte ab und verwenden Sie sie z. B. für Palatschinken. Nähren Sie dann das Anstellgut drei Tage nach demselben Verfahren wie am dritten Tag, ehe Sie es verwenden, um es zu stärken und die Menge der Hefen und Milchsäurebakterien zu steigern. Rühren Sie es zweimal täglich ein wenig durch.

Fünfter Tag

Geben Sie 30 g Roggenmehl und 30 g Wasser hinzu. Rühren Sie alles zweimal täglich ein wenig durch.

Sechster Tag

Geben Sie 30 g Roggenmehl und 30 g Wasser hinzu. Rühren Sie die Mischung zweimal täglich ein wenig durch.

Erste Hilfe: Falls die Mischung nach dem Füttern nicht wächst und stark säuerlich riecht, nehmen Sie 5 g der Mischung und geben Sie sie in ein frisches Glas. Geben Sie dann erneut 15 g Wasser und 20 g Mehl hinzu. Wiederholen Sie den Vorgang bei Bedarf. Die Mischung sollte nach Hinzufügen des Wassers dickflüssig werden.

Dieses Verfahren ist nur einmal erforderlich. Danach können Sie langsam damit beginnen, das Anstellgut mit einer anderen Mehlsorte zu füttern, wenn Sie keinen Roggen- oder Vollkornsauerteig haben möchten. Aufgrund des höheren Nährstoffgehalts dieser beiden Mehlsorten wird dieser Teig jedoch schneller sauer wird. Man könnte auch sagen, dass die Hefen und Milchsäurebakterien feiern hier geradezu eine Party. Wenn sich das Gemisch innerhalb dieser sechs Tage in weniger als 24 Stunden verdoppelt, können Sie es bis zur nächsten Fütterung auch im Kühlschrank aufbewahren oder einfach schon früher füttern. Wenn das Gemisch nach dem vierten oder fünften Tag gleichmäßig anwächst und zusammenfällt, können Sie es bereits verwenden. Beachten Sie jedoch, dass das Anstellgut zu Beginn noch nicht so stark ist, ein etwas flacherer Brotlaib sollte Sie also nicht zu sehr entmutigen. Mit Anwachsen und Zusammenfallen meine ich die Änderung der Höhe, die das Anstellgut erreicht, wenn die Mikroorganismen das Mehl verdauen - dabei setzen sie Kohlendioxid frei und daher nimmt das Gemisch an Volumen zu und ist voller Bläschen. Wenn es den Organismen jedoch an Nahrung mangelt, schrumpft das Gemisch wieder. Diese Höhenveränderung ist einfach zu beobachten, wenn Sie ein Gummiband um das Glas legen und nach dem Füttern die Glaswände gut säubern. Ein gesundes Anstellgut hat einen angenehm milchigen Geruch mit einer leichten Milchsäurenote. Wenn es nach Essig riecht, bedeutet das, dass die Gärung ein wenig außer Kontrolle geraten und das Anstellgut sauer geworden ist. Doch keine Sorge, für jedes Problem gibt es eine Lösung, sehen Sie einfach im Kapitel »Erste Hilfe für den Sauerteig« nach!

Und was jetzt?

Zunächst empfehle ich Ihnen, Ihrem Anstellgut einen Namen zu geben - so fällt es leichter, sich darum zu kümmern. Mein Rudl und ich sind unzertrennlich. Sie sollten Ihr Anstellgut etwa sechs bis zwölf Stunden vor jedem Backvorgang mindestens noch einmal füttern. Durch das Füttern, also die Zugabe von frischem Mehl und Wasser, sorgen Sie dafür, dass es nicht zu sauer wird, da das Mehl neue Nahrung für die Milchsäurebakterien und wilden Hefen ist. Diese vermehren sich dadurch, sodass der Teig aufgehen kann.

Das Anstellgut kann z. B im Verhältnis 50 g Mehl (100 %) und 40 g Wasser (80 %) ernährt werden. Ich selbst verwende eine Mischung aus Bio-Weizenmehl Type 550 (50 %) und Weizenmehl Type 812 (50 %), mit Mühlsteinen gemahlen, und eine Wassermenge von 80 %. Bei Roggenmehl und den Vollkornmehlsorten ist das Verhältnis von Mehl und Wasser 1:1, da diese Mehlsorten mehr Wasser aufnehmen. Anstellgut aus Roggenmehl wird trotz des hohen Wasseranteils nicht flüssig, sondern eher schaumig. Wenn Sie das Anstellgut nicht verwenden, bewahren Sie es im Kühlschrank auf. Füttern Sie es zuvor und verringern Sie die Wassermenge (um etwa 10 - 20 %). Je mehr Zeit nach dem letzten Füttern vergangen ist, desto schwächer ist das Anstellgut. Wenn Sie regelmäßig backen, genügt es, sechs bis zwölf Stunden vor dem Backen einmal zu füttern und das Anstellgut in der Küche stehen zu lassen. Ich selbst habe 30-40 g Anstellgut im Kühlschrank. Es ist besser, etwas weniger zu haben, als zu viel.

Das Anstellgut ist einsatzbereit, wenn es gleichmäßig anwächst und zusammenfällt, also einen vorhersagbaren und regelmäßigen Zyklus aufweist. Am besten verwendet man es, wenn es anwächst und die Oberfläche nicht mehr nach oben gewölbt ist, sondern bereits ein klein wenig einsinkt. Das gilt für Anstellgut, bei dem man weniger Wasser verwendet, zum Beispiel bis zu 80 Prozent, so dass es teigähnlicher ist.

Bei Anstellgut aus Weizenmehl oder Dinkel mit höherem Wassergehalt (100 %) kann man neben der Verdoppelung des Glasinhalts die Aktivität auch dadurch überprüfen, dass man einen Löffel voll Anstellgut nimmt und ihn in Wasser gibt - schwimmt es, ist es bereit zum Anteigen. Wenn das Anstellgut in sich zusammenfällt, was bedeutet, dass es ihm an Nahrung (Mehl) fehlt, wird es einfach erneut gefüttert und dann verwendet, wenn es anwächst.

ANSETZEN DES SAUERTEIGS

Der eigentliche Sauerteig ist ein Zwischenschritt zwischen dem Anstellgut und dem Hauptteig. Für den Sauerteig nimmt man aktives Anstellgut, also Rudl oder wie Sie es sonst nennen möchten, und mischen es mit einer größeren Menge Mehl und Wasser. Je mehr Anstellgut Sie hinzugeben, desto schneller ist der Sauerteig verwendbar. Diesen Zwischenschritt nimmt man aus zwei Gründen vor: Erstens, um die Wirkung des Anstellguts zu überprüfen, und zweitens, um darin das Mehl zu verwenden, aus dem dann das Brot angeteigt wird. Die Menge des Sauerteigs hängt davon ab, wie schnell der Teig aufgehen soll. Je mehr Sie davon verwenden, desto schneller geht der Teig auf. Ich selbst verwende zwischen 10 und 30 Prozent Sauerteig, je nach Menge des Mehls im Hauptteig. Für 1 kg Mehl bereite ich also zwischen 100 und 300 g Sauerteig zu oder verwende einfach 100 bis 300 g genährten und aktiven Rudl.

Ein Beispiel:

Man nehme 10 g Anstellgut (z. B. mit Roggen), gebe 50 g helles Weizenmehl und 40 g Wasser hinzu oder stelle ein dichtes Gemisch her, ähnlich dem Gemisch für Kaiserschmarren oder noch dichter. Dieses Gemisch lässt man dann abgedeckt ruhen, bis es sein Volumen mindestens verdoppelt, anwächst und voller Bläschen ist. Dieser Sauerteig wird dann zusammen mit Salz nach dem Ruhen oder der Autolyse des Hauptteigs verwendet. Ich selbst überspringe diesen Schritt häufig, da mein Sauerteig aus einer Mischung von Weizenmehl Type 550 (50 %) und Weizenmehl Type 812 (50 %) besteht und ich am häufigsten mit genau diesen beiden Mehlsorten backe, die ich mit anderen mische. Außerdem ist mein Glas groß genug (360 ml), um darin genügend Anstellgut (etwa 120 g) zu vermehren, das ich dann gleich im Hauptteig verwende. Man kann zudem aus einer kleinen Menge Sauerteig in relativ kurzer Zeit eine größere Menge zubereiten, die den Teig noch leichter aufgehen lässt.

Wenn ich die Menge für das Anteigen abnehme, lasse ich sehr wenig Anstellgut im Glas, für gewöhnlich 5 - 10 g (einen Teelöffel), zu dem ich dann 20 g Mehl (einen gehäuften Esslöffel) und 15 g Wasser (1,5 Esslöffel) hinzugebe, um ein dichteres Gemisch zu erzeugen. Dann lasse ich es etwa eine Stunde stehen, bevor ich es in den Kühlschrank stelle. Diesen Zwischenansatz stelle ich dann her, wenn ich mit Dinkel- oder Roggenmehl backe. Wenn Ihr Anstellgut aus Weizenmehl Type 405, 550 oder 812 besteht, Sie es vor dem Backen füttern und es schön anwächst und Bläschen bildet, dann können Sie es ruhig direkt verwenden, anderenfalls führen Sie für die Rezepte in diesem Buch den Zwischenschritt durch.

SÜSSER SAUERTEIG

Auf die Zubereitung eines süßen Sauerteigs stieß ich zuerst in Belgien, als Stefan Cappelle sie bei der Veranstaltung *The quest for sourdough* vorstellte, auf die ich im Kapitel »Die erste Sauerteigbibliothek der Welt« noch näher eingehen werde. Seither bringt mir dieser Ansatz großen Nutzen. Er eignet sich sehr gut für die Herstellung süßen Gebäcks wie Brioche, Croissants, Krapfen, süße Zöpfe, Buchteln usw. Er wird aus Anstellgut (20 %), Mehl (in der Regel Type 550), einer kleineren Menge Wasser (40 - 45 %) und Zucker (25 %) zubereitet. Man knetet ihn zu einem festeren Teig, wartet, bis er auf mindestens das Dreifache angewachsen ist, und verwendet ihn dann im Hauptteig. Durch die Zugabe von Zucker zum Sauerteig werden die wilden Hefen angeregt und vermehrt, so dass schwerer Teig leichter aufgeht.

GLUTENFREIER SAUERTEIG UND GLUTENFREIES BROT

Glutenfreie Mehlsorten sind solche, die kein Gluten enthalten, also Mehl aus Buchweizen, Mais, Hirse, Teff, Quinoa usw. Auch mit glutenfreiem Mehl lässt sich schmackhaftes und weiches Brot backen. Dabei helfen erneut die Milchsäurebakterien und die wilden Hefen, die durch Gärung den Teig aufgehen lassen. Glutenfreier Sauerteig wird ähnlich angesetzt wie glutenhaltiger: Man mischt 1 Teil Mehl (100 %) und 1,2 Teile Wasser (120 %), da diese Mehlsorten dafür bekannt sind, viel Wasser aufzunehmen und das Mehl-Wasser-Gemisch dünner sein soll. Falls möglich, sollte man das Mehl selbst mahlen, damit es frisch und lebendig ist. Mit solchem Mehl gelingt der Sauerteig am besten. Glutenfreier Sauerteig ist meiner Erfahrung nach schnell aktiv, schon nach zwei oder drei Tagen kann man damit Brot anteigen. Als Bindemittel wird Sandwegerich hinzugegeben, und zwar fünf bis sechs Prozent des Mehlgewichts. Bei der Zubereitung von 100 % glutenfreiem Brot muss das Mehl nicht abgebrüht werden.

WILDHEFEWASSER

Da wilde Hefen und Milchsäurebakterien überall vorkommen, kann man aus Obst, Gemüse, Pflanzen und Blüten sogenanntes Wildhefewasser (engl. *wild yeast water*) herstellen. Eine Anleitung für die Herstellung dieses Wildhefewassers, das für die ostasiatische Teigzubereitung typisch ist, hat meine Freundin Midori Asano 2016 in der Facebookgruppe *Perfect Sourdough* veröffentlicht; ähnlich hat es auch Guy Frenkel beschrieben. Überprüfen Sie zuallererst, ob die Zutat, die Sie fermentieren möchten, überhaupt genießbar und zum Fermentieren geeignet ist. Schneiden Sie sie dann, falls sie größer ist, in Stücke, geben Sie sie in ein größeres, sauberes Glas oder eine Flasche mit weitem Hals und füllen Sie bis zu drei Viertel Wasser auf (am besten abgestanden oder gefiltert).

Bei Obst und Gemüse muss kein Zucker hinzugegeben werden, bei Blüten und Pflanzen geben Sie 10-30 Prozent Zucker in Bezug auf das Gewicht von Wasser und Pflanzen hinzu (am besten nicht raffinierten, braunen Zucker oder Honig). Zucker ist natürliche Nahrung für Hefen und Bakterien. Verschließen Sie das Glas und schütteln Sie es gut. Lassen Sie es im Warmen stehen. Schütteln und entlüften Sie es mindestens zwei Mal am Tag. Nach ein paar Tagen (2 - 6) wird der Inhalt zu blubbern beginnen, und wenn Sie das Glas entlüften, bilden sich Schaum und Bläschen. Dann können Sie das Wildhefewasser sieben und für die Zubereitung von Sauerteig verwenden, indem Sie gleiche Teile von Mehl und Wasser mischen, warten, bis das Gemisch anwächst, und es dann als Sauerteigansatz für den Hauptteig verwenden. Wenn Sie einen kräftigeren Geschmack nach Wildhefewasser wünschen, können Sie es auch beim Anteigen verwenden.

Den Rest des Wassers können Sie im Kühlschrank aufbewahren. Geben Sie ein wenig Zucker hinzu, damit die wilden Hefen genügend Nahrung zur Verfügung haben. Wildhefewasser enthält deutlich mehr Hefen als Milchsäurebakterien, auch der Teig gärt schneller und wird nicht so schnell sauer. Aufgrund der geringeren Menge an Milchsäurebakterien enthält es auch weniger Milch- und Essigsäure, was zu einem weniger vollen Geschmack beiträgt. Die Zusammensetzung, der Nährwert und die Wirksamkeit von Wildhefewasser werden derzeit erforscht.

DIE ERSTE SAUERTEIGBIBLIOTHEK DER WELT

Als ich im September 2016 nach Belgien in die erste Sauerteigbibliothek oder Sauerteigbank der Welt eingeladen wurde, hatte ich ehrlich gesagt keine Ahnung, was mich dort erwartete. Ich war sehr überrascht, dass gerade ich ausgewählt worden war, obwohl ich zu dem Zeitpunkt in der Gruppe *Perfect Sourdough* auf Facebook sehr aktiv war, die von der Amerikanerin Teresa L. Greenway geleitet wird. Auf dieser Veranstaltung lernten wir uns dann auch kennen und wurden Freundinnen. Ich nahm also die Einladung und die Herausforderung an und flog neuen Abenteuern entgegen. Mir gingen zahlreiche Fragen durch den Kopf, warum jemand überhaupt so eine Bibliothek gründet, was man dort macht, wozu sie dient, warum man mich eingeladen hatte, was sie vorhatten ...

Die Firma Puratos, einer der größten Hersteller von Zutaten für das Backen, das Konditorwesen, die Eiscremeherstellung und die Gastronomie, begann bereits 1989 mit dem Sammeln der ersten Sauerteigproben. 2013 eröffneten sie die erste gemeinnützige Sauerteigbibliothek der Welt mit 43 Proben als Ergebnis eines langjährigen Forschungsprogramms in Zusammenarbeit mit Professor Marco Gobetti von der Universität Berlin. In der Bibliothek befinden sich derzeit 125 Sauerteigproben aus 24 Ländern, und zwar aus Italien, Österreich, Frankreich, Deutschland, den Niederlanden, Japan, Spanien, China, Mexiko, Ungarn, Griechenland, Dänemark, den USA, Großbritannien, Australien, Brasilien, der Schweiz, Peru und Portugal, Singapur, der Türkei, Kanada, Ungarn und Slowenien.

Diese Proben, die der Bibliothek von ihren Eigentümern, in der Regel traditionelle Bäckereien, zur Verfügung gestellt wurden, werden in Gläsern unter besonderen, kontrollierten Bedingungen aufbewahrt. In der Bibliothek findet man daher Sauerteig, der für traditionelle Brotsorten verwendet wird, wie zum Beispiel Brot aus der Region Altamura, Sauerteig aus Mexiko, mit dem das traditionelle mexikanische Brot »birote« hergestellt wird, Sauerteig aus San Francisco und viele mehr. Im Oktober 2019 hat auch mein Rudl als der erste slowenische Sauerteig sein Zuhause in der Bibliothek gefunden. Um sie kümmert sich der Bibliothekar Karl de Smedt, der sich seiner Aufgabe mit großer Begeisterung und Leidenschaft widmet.

Bei der Aufnahme in die Bibliothek wird jede Probe genauestens analysiert, wobei die Stämme der Milchsäurebakterien und der wilden Hefen im Sauerteig exakt bestimmt werden, so dass zu jeder Sauerteigprobe auch eine umfangreiche Dokumentation über ihre Zusammensetzung zur Verfügung steht.

Alle Proben und ihre Zusammensetzung kann man sich auch in der Internetbibliothek unter www.puratossourdoughlibrary.com ansehen. Bisher wurden in diesen Proben mehr als 800 verschiedene Mikroorganismen gefunden.

Der Zweck der Bibliothek ist es, zahlreiche verschiedene Sauerteige für kommende Generationen zu erhalten, die biologische Vielfalt zu fördern und außerdem das Wissen über das Backen mit Sauerteig zu verbreiten. Zudem haben die Eigentümer des Sauerteigs so immer einen gesicherten Vorrat für den Fall, dass ihrem Anstellgut etwas passiert.

Die Bibliothek selbst ist eine gemeinnützige Initiative der Firma Puratos, die damit ihren Beitrag zur wunderbaren Welt der natürlichen Gärung und der Fermentierungstechnologie leistet. Zudem ermöglicht sie ein besseres Verständnis aller Aspekte der Zubereitung von Sauerteig und regt zu vertieften Forschungen an, damit das Unternehmen so auf die Bedürfnisse seiner Kunden reagieren kann.

Die Sauerteigproben, die in der Bibliothek aufbewahrt werden, bleiben das Eigentum ihrer Stifter und werden von der Firma Puratos weder vermehrt noch verkauft. Die Eigentümer müssen lediglich jedes Jahr einen Sack Mehl liefern. Dieses Mehl wird dann in der Bibliothek zum Füttern des Sauerteigs verwendet, das alle zwei Monate drei Tage lang unter kontrollierten Bedingungen erfolgt, damit es nicht zu Verunreinigungen mit lokalen Mikroorganismen kommt. Dann kommen die Proben erneut in den Kühlschrank, wo sie bei einer Temperatur zwischen 2 und 4 Grad Celsius bis zur nächsten Fütterung ruhen.

Im September letzten Jahres wurde neben dieser physischen Sammlung noch das Projekt der Sauerteigbibliothek im Internet vorgestellt, in der jeder seinen Sauerteig registrieren lassen, ihn beschreiben, ein Foto von ihm einstellen und ein Rezept für die Zubereitung hinzufügen kann. Wenn Sie also unter der Adresse www.questforsourdough.com nachsehen, finden Sie verschiedene Sauerteige. Derzeit sind schon mehr als 1060 registriert, darunter auch mein Rudl. Im Rahmen dieses Projekts wurden viele bekannte Persönlichkeiten aus der Welt der Sauerteigbäckerei eingeladen, einige darunter reine Amateure, doch uns alle eint die große Begeisterung für diese Art des Backens.

Auch der Gedanke, der die gesamte Veranstaltung abrundete, hat bei mir einen starken Eindruck hinterlassen: dass nämlich die Zukunft des Brotes in seiner Vergangenheit liegt. Dem kann ich nur zustimmen.

Ich hoffe, dass auch dieses Buch zur verbreiteten Verwendung von Sauerteig beitragen wird, da sie in der slowenischen Ernährung als Kulturerbe gelten kann.

Puratos
Reliable partners in innovation

DIE INTERNETBIBLIOTHEK „QUEST FOR SOURDOUGH“

Im September 2016 ergänzte die Firma Puratos Ihre Sauerteig-Bibliothek um eine Onlineversion. Im Rahmen dieses Projekts lud der Bibliothekar Karl de Smedt bekannte Namen aus der Welt des Backens mit Sauerteig nach Belgien ein. Sowohl Backliebhaber als auch Leute mit eigenen Backschulen folgten der Einladung, denn er hatte in allen von uns eine große Leidenschaft für diese Art des Backens erkannt. Dort trafen sich zum ersten Mal die professionellen Bäcker: Yohant Ferrant, William Woo, Beesham Soogrim, Vanessa Kimbell, Manfred Enoksson, Olivier Pennet, Patrick Willaert, und die Liebhaber: die bereits erwähnte Teresa, Guy Frenkel, Ralph Nieboer, Carol Lee, Ineke Berentschot, Jarkko Laine und ich. Zu der Gesellschaft von 14 Sauerteigbäckern aus aller Welt stießen außerdem noch die beiden Sauerteig-Experten Stefan Cappelle und Stèphane van Cauwenbergh sowie die technische Beraterin Morgan Clementson.

Obwohl ich anfangs meine Zweifel hatte, nahm ich Karls Einladung an und flog zum ersten Mal mit Rudl nach Brüssel. Vom Flughafen fuhr ich mit dem Taxi in das Städtchen St. Vith nahe der deutschen Grenze. Dort steht neben der Fabrik der Firma Puratos das riesige Gebäude des Zentrums für Brotgeschmack (engl. Center for Bread Flavour), in dem sich die Sauerteigbibliothek (engl. The Sourdough Library) befindet. Die Veranstaltung war sehr gut vorbereitet, alle Einzelheiten geplant und bis ins Kleinste durchdacht. Während meines dreitägigen Aufenthalts in St. Vith vergaß ich alle meine Zweifel und genoss das Treffen mit den übrigen Teilnehmern sehr. Ja, man kann tatsächlich 24 Stunden am Tag über Sauerteig reden, Teig kneten, formen und backen. Wir besichtigten auch die Sauerteigbibliothek und den nahen Produktionsbetrieb von Puratos. Aus Fremden wurden innerhalb von drei Tagen echte Freunde, verbunden durch Liebe, Leidenschaft und Hingabe für das Backen mit Sauerteig. Wir alle warteten ungeduldig auf den letzten Tag, an dem uns der Zweck der Einladung enthüllt werden sollte. Und dann war es soweit: Karl stellte uns anhand einer Videoaufnahme das Projekt der Online-Sauerteig-Bibliothek vor (engl. The Quest for Sourdough), und wir waren die ersten Auserwählten für die Verbreitung dieser Idee. Wir wurden zu Botschaftern der Sauerteig-Bibliothek. Nach meiner Heimkehr brauchte ich einige Tage, um zu begreifen, was geschehen war und was mich erwartete.

Das Erlebnis in Belgien hatte meine Sicht bezüglich des Sauerteigs völlig verändert. Mir hatten sich neue Horizonte eröffnet, ich begann noch mehr zu forschen, erstellte mir dann ein Profil auf Instagram (sourdough_mania), mit dem auch meine Medienpräsenz begann, zuerst im Ausland und dann auch in Slowenien.

Jeder Sauerteig ist besonders und anders. Geschmack, Zutaten und Textur - es sind so viele Faktoren, die sich auf den Sauerteig auswirken! Ich lade Sie dazu ein zu zeigen, warum Ihr Sauerteig einzigartig ist. Registrieren Sie sich unter der Internetadresse www.questforsourdough.com. Beschreiben Sie ihn, machen Sie Fotos, fügen Sie eine Anleitung für die Zubereitung hinzu und teilen Sie ihn mit Sauerteigliebhabern weltweit. Sie können sich dort auch umsehen und nach verschiedenen Sauerteigen suchen. Derzeit sind schon fast 1700 Sauerteige registriert.

Werden Sie Teil der Tradition, gestalten Sie die Zukunft!

www.questforsourdough.com

Ihr Erstling

Brot ist das Grundnahrungsmittel, ohne das wir uns den Alltag nicht vorstellen können – und das Backen mit Sauerteig ist die älteste Methode, Brot aufgehen zu lassen. Vor der Entdeckung dieser Art des Backens war jedes Brot ein Fladenbrot.

Doch was braucht man überhaupt für ein gutes Brot? Ganz einfach: nur Mehl, Wasser und Salz, ein wenig Zeit und viel Liebe und Geduld. Natürlich kann man zum Brotteig auch andere Zutaten hinzugeben, wie Sesam, Nüsse, Oliven oder Käse. Wie wir später sehen werden, ist die Verwendung von Sauerteig bei Weitem nicht auf Brot beschränkt, daher erwarten Sie im zweiten Teil der Rezepte süße Köstlichkeiten mit Sauerteig. Außerdem finden Sie zum Schluss noch einige Rezepte zur Verwendung von Sauerteig beim Kochen.

MEHL

Wenn Sie mit dem Backen beginnen, empfehle ich Ihnen die Verwendung von Weizenmehl, am leichtesten geht es mit Mehl der Typen 550 und 812. Mischen Sie nicht zu viele Mehlsorten auf einmal, vielleicht höchstens zwei, und geben Sie höchstens 30 Prozent glutenfreies Mehl (z. B. Buchweizen- oder Maismehl) hinzu, das Sie zuvor überbrühen. Vollkornbrot wird ebenso gut und erhält eine schöne und weiche Krume, wenn Sie zur Hälfte Mehl der Typen 405, 550 oder 812 verwenden.

WASSER

Das Wasser sollte Raumtemperatur haben und, wenn möglich, abgestanden oder gefiltert sein. Wenn Sie die Aktivität des Sauerteigs verlangsamen möchten, nehmen Sie sehr kaltes Wasser, anderenfalls erwärmen Sie es ein wenig, bis auf 35 Grad Celsius. Ist das Wasser allerdings zu warm, läuft der gesamte Vorgang zu schnell ab - und Zeit ist beim Backen mit Sauerteig eine wichtige Zutat. Eile dagegen ist nicht erforderlich.

SALZ

Salz hemmt die Aktivität der Mikroorganismen, geben Sie es daher nach der Autolyse hinzu. Außerdem stärkt es das Gluten. Die Salzmenge können Sie Ihrem Geschmack anpassen. Ich verwende grobes slowenisches Salz, dass ich nach Bedarf zu Hause im Mahlaufsatz meiner Küchenmaschine mahle.

Außer Mehl, Wasser und Salz, den grundlegendsten Bestandteilen des Teigs, können Sie zur Verfeinerung und Bereicherung Ihrer Backerzeugnisse noch folgende Zutaten hinzugeben:

MILCH

Milch macht Backwaren weich, sorgt für gleichmäßige Poren und eine schöne, braune Kruste. Die in den Rezepten angegebene Milch ist Halbfettmilch, wenn Sie frische Milch verwenden, sollten Sie sie abkochen und abkühlen.

ZUCKER

Ein geringerer Zuckeranteil (bis zu 5 %) fördert die Aktivität von Hefen und Bakterien, ein höherer Anteil verlangsamt sie. Wenn Sie einen süßen Teig herstellen, verwenden Sie süßen Sauerteig. Das Rezept dafür finden Sie auf S. 73. Ich selbst verwende für diese Rezepte nicht raffinierten, braunen Zucker und auch diesen nur in geringeren Mengen. Probieren Sie das Rezept einmal so aus wie beschrieben und passen Sie beim nächsten Versuch die Menge an Ihren Geschmack an.

EIER

Eier verwende ich zusammen mit Milch, Salz und manchmal auch ein wenig Sahne zum Bestreichen vor dem Backen, da so die Kruste schön braun wird. Auch die Krume wird dadurch gleichmäßiger und weicher.

FETTE

Fette im Teig verlängern die Haltbarkeit des Backerzeugnisses und sorgen außerdem für eine weichere Krume. Da sie die Entwicklung von Gluten behindern, gibt man sie nach der Autolyse hinzu, wenn das Glutengitter bereits entwickelt und gestärkt ist. Die Fette sollten Raumtemperatur haben, aber im Falle von Butter nicht geschmolzen sein. Wenn Sie zu den Rezepten Öl hinzugeben, verringern Sie die Wassermenge um die verwendete Ölmenge.

ZUSÄTZE (Samen, Obst, Nüsse, Flocken, ganze Getreidekörner usw.)

Zu den Rezepten für Brot oder Brötchen können Sie nach Wunsch auch Samen, Obststücke und Nüsse hinzugeben, etwa 10 bis 20 Prozent des Teiggewichts. Weichen Sie sie vor der Verwendung über Nacht ein, Sie können auch einen Löffel Sauerteig hinzugeben. Ziehen Sie die Wassermenge, in der Sie diese Zusätze einweichen, von der Wassermenge im Rezept ab. Ganze Getreidekörner können Sie auch in der doppelten Wassermenge kochen und quellen lassen. Wenn diese Zusätze größer sind, geben Sie sie nach dem dritten Mal Dehnen und Falten hinzu, im Falle kleinerer Zusätze (z. B. Sesamsamen) können Sie sie schon nach dem ersten Mal hinzugeben. Samen und Nüsse können Sie vor dem Einweichen auch rösten.

ZEIT

Vergessen Sie nicht, dass Zeit ein wichtiger Bestandteil des Backens mit Sauerteig ist, nehmen Sie sich daher genügend davon. Warten Sie, bis die wilden Hefen und Milchsäurebakterien ihr Werk getan haben. Geschmack und Aromen entwickeln sich langsam, während der Stockgare, die auch der Festigung des Teigs dient. Daher können Sie die Stockgare auch in den Kühlschrank verlegen, wo der Teig schön langsam fest wird und sich entwickelt. Den geformten Teig können Sie auch nach der Stückgare in den Kühlschrank stellen.

NÜTZLICHE HILFSMITTEL

Elektronische Waage - Wenn man mit dem Backen anfängt, ist es gut, die Zutaten abzuwiegen und dabei konsequent zu sein, daher eignen sich Waagen mit einer Genauigkeit von 1 g am besten. Später, wenn Sie ein Gefühl für die Mengen entwickelt haben, können Sie beim Brotbacken auch auf die Waage verzichten.

Eines oder mehrere Gefäße mit Deckel und einem Volumen von 2 Litern oder mehr - In diesen werden Sie den Teig anrühren und gehen lassen, daher müssen sie ausreichend groß sein. In Glasgefäßen sehen Sie am besten, was im Teig vor sich geht. Der Deckel soll das Austrocknen der oberen Teigschicht verhindern. Falls das Gefäß keinen Deckel hat, können Sie sich auch mit einer Tüte, einem feuchten Lappen oder einer Duschhaube behelfen, diese sind auch zum Abdecken von Aufgehkörben praktisch.

Kochlöffel oder Spachtel - Um zu Beginn alle Zutaten zu mischen sowie bei einigen Teigarten, die viel Roggenmehl enthalten, wird Ihnen ein Kochlöffel gute Dienste leisten.

Löffel - Mit einem Löffelstiel können Sie Ihr Anstellgut im Glas am leichtesten verrühren.

Teigkarte aus Metall oder Kunststoff zum Zuschneiden und Formen des Teigs (engl. *bench knife*) - Hiermit können Sie den Teig ganz einfach in kleinere Stücke aufteilen oder sich beim Formen des Teigs und beim Umsetzen in den Gärkorb behelfen.

Abgerundeter Kunststoffschaber - Sehr praktisch, wenn Sie den gesamten Teig aus dem Gefäß kratzen möchten. Sie können ihn auch zum Dehnen und Falten verwenden, wenn der Teig viel Flüssigkeit enthält.

Backblech oder Backtablett, eine Stahl- oder Tonplatte oder ein gusseisernes Gefäß (engl. *dutch oven*) **/ emailliertes Gefäß mit Deckel** - Sie können jedes dieser Hilfsmittel verwenden. Alles muss zusammen mit dem Backofen mindestens 45 Minuten vorgeheizt werden. Den Effekt eines Brotofens erzielen Sie am ehesten, wenn Sie sich eine Ton- oder Stahlplatte oder ein gusseisernes Gefäß anschaffen. Sollten Sie kein gusseisernes Gefäß haben, können Sie auch ein anderes hohes Gefäß über das Brot stülpen.

Sieb oder größerer feiner Seiher zum Sieben des Mehls - Durch das Sieben wird das Mehl gelüftet, es gelangt mehr Sauerstoff hinein und es wird von Klümpchen befreit. Auch eventuelle versteckte Besucher lassen sich so leichter aufspüren.

Großes Teesieb - Ein wunderbares Hilfsmittel, wenn Sie die Arbeitsfläche, den Lappen im Gärkorb oder die Teigoberfläche vor dem Einschneiden mit Mehl bestäuben möchten.

Gärkorb / Aufgehkorb (engl. *banneton*) - Dient der Stückgare des Brotes, da er den Teig stützt, so dass er nicht auseinanderläuft und seine Form behält. Es gibt Körbe in verschiedenen Größen für bestimmte Teigmengen und Formen. Auch die Materialien sind unterschiedlich, es gibt natürliche (Schilf, Rattan, Holzschliff) oder künstliche (Plastik). Sollten Sie keinen zur Verfügung haben, können Sie improvisieren und ein Plastiksieb, einen Brotkorb mit hohem Rand oder ein gewöhnliches Gefäß verwenden, in das Sie ein Leinen- oder Baumwolltuch legen. Er sollte genau die richtige Größe für die jeweilige Teigmenge haben - wenn er zu klein ist, verliert der Teig den Halt und läuft über den Rand, wenn er zu groß ist, wird der Teig beim Aufgehen nicht ausreichend gestützt und zerläuft.

Leinen- oder Baumwolltuch für das Aufgehen - Sie können ein Tuch in den Gärkorb legen, das Sie dann anfeuchten und so verhindern, dass der Teig am Korb festklebt. Ein größeres Tuch können Sie auch als Stütze beim Aufgehen von Baguette verwenden, indem Sie es in Falten legen.

Kelle für Pizza oder Brot - Damit lässt sich der Teig leichter in den Ofen schieben.

Backform oder Model - Für einige Brotsorten oder andere Backwaren mit einer größeren Menge an Flüssigkeit oder aus angereicherten Teigen. (Die Größen sind bei den jeweiligen Rezepten angegeben.)

Tiefe Backform - Diese stellen Sie unten in den Ofen und geben kochendes Wasser hinein, um Dampf zu erzeugen, falls Sie kein Gefäß mit Deckel haben oder größere Mengen auf einmal backen.

Backpapier - Ein sehr praktisches Hilfsmittel, wenn Sie den Teig in den Backofen oder eine gusseiserne Backform geben möchten. Es gibt auch mehrfach verwendbares Backpapier.

Frischhaltefolie, Duschhaube - Wenn Sie den Teig abdecken müssen, damit er nicht austrocknet; mehrfach verwendbar. Sie können sich auch selbst ein Wachstuch herstellen und es zum Abdecken des Teigs verwenden, wie die Teilnehmerin Duši in einem Workshop vorgeschlagen hat.

Ofenhandschuhe - Zum Schutz der Hände vor Verbrennungen. Sie können sich auch mit dicken Tüchern behelfen.

Küchenmaschine - Sie ist nicht unbedingt erforderlich, aber bei angereicherten Teigen (Brioche, Krapfen, Potitze, Semmeln usw.), wenn Sie Butter oder Öl zum Teig hinzugeben, sehr praktisch.

Und, nicht zu vergessen: Sie brauchen auch einen **Backofen**.

DIE EINZELNEN SCHRITTE DES BACKENS

In diesem Kapitel sehen wir uns alle Schritte der Vorbereitung des Teigs für das Backen an, und zwar am Beispiel des Brotrezepts mit dem Titel »Brotbacken im Handumdrehen«. Das gleiche Verfahren können Sie bei allen anderen Rezepten anwenden, außer wenn es im Rezept anders beschrieben ist. Anhand von Bildern werde ich erklären, woraus die einzelnen Schritte bestehen und warum sie erforderlich sind.

Dieses Brot aus Mehl Type 812 wird nach einem besonderen Prinzip zubereitet, und zwar aus einem Teil aktiven Anstellguts, zwei Teilen Wasser und drei Teilen Mehl. Wiegen Sie Ihr Anstellgut, das aktiv sein und Bläschen bilden sollte. Das bedeutet, dass sie es sechs bis zwölf Stunden vor Verwendung gefüttert und gewartet haben, bis sich die Menge zumindest verdoppelt hat. Dann multiplizieren Sie die Menge mit zwei, um die Wassermenge zu erhalten, und mit drei, um die Mehlmenge zu errechnen.

Dieses Rezept können Sie auch für die Kombination mit anderen Mehlsorten verwenden, am besten hat es sich mit Weizenmehl Type 405, 550 und 812 bewährt. Bei Dinkelmehl verringern Sie die Wassermenge um zehn Prozent, bei Roggen- und Vollkornmehl geben Sie etwas mehr Wasser hinzu, zwischen fünf und zehn Prozent. Berücksichtigen Sie hier, dass das Brot aufgrund der größeren Menge dieser Mehlsorten eine geschlossenere Krume und kleinere Poren aufweisen und somit kompakter sein wird. Aufgrund der größeren Menge an Sauerteig im Rezept wird es auch früher aufgehen.

VORBEREITUNG UND ABWIEGEN DER ZUTATEN

Wiegen Sie alle Backzutaten ab und bereiten Sie sie vor, also Mehl, Wasser, Sauerteig und Salz. Anfangs ist es besser, die Mengen abzuwiegen. Wenn Sie die Verfahren und die Zubereitung beherrschen, ist dies zumindest bei Brot nicht mehr erforderlich. Ich empfehle außerdem, ein Rezept mehrmals zu wiederholen. Das Mehl siebe ich selbst auch vor dem Anteigen durch, so wird es gelüftet und weicher.

100 g aktives Anstellgut (33 %)
200 g Wasser (66 %)
300 g Weizenmehl Type 812 (100 %)
6 g Salz (2 %)

ANTEIGEN UND AUTOLYSE

Mischen Sie zunächst in einem Gefäß nur Mehl und Wasser so, dass nichts mehr trocken ist und Sie eine homogene Masse erhalten. Mischen Sie nur so lange, bis sich sämtliches Mehl gut mit Wasser vollgesogen hat, aber kneten Sie die Masse noch nicht. Diesen Teig lassen Sie mindestens 20 Minuten ruhen, dann können Sie ihn leichter formen und rühren.

Dieses Verfahren nennt sich Autolyse oder Abbau der Zellen mit ihren eigenen Enzymen. Der Begriff und die Technik wurden erstmals von dem Franzosen Raymond Calvel angewendet. Wenn Sie Wasser zum Mehl hinzufügen, aktivieren sie die darin enthaltenen Enzyme. Die zwei wichtigsten Enzyme sind die Amylase, die zusammengesetzte Zucker oder Kohlenhydrate (Stärke) in einfache Zucker zerlegt, mit denen dann die Hefen ernährt werden, und die Protease, die Eiweiße (auch Gluten) abbaut.

Gluten besteht aus zwei Eiweißen, Gliadin und Glutenin, die sich bei Kontakt mit Wasser verbinden und aufquellen und so Glutenketten bilden, die dann wiederum ein Gitter bilden. Da die Hefen während der Gärung außer Ethanol auch Kohlendioxid bilden, bleibt dieses im Glutengitter hängen. So geht der Teig auf und das Brot behält später seine Form, mit einer schönen Krume bzw. Poren. Doch auch Glutenverbindungen sind nicht unendlich dehnbar. Wenn die Enzyme zu aktiv sind, beginnen sich diese Verbindungen zu lösen, dann fällt der Teig in sich zusammen, beziehungsweise wird nur zu einem großen Klumpen Sauerteig. Man muss also das richtige Gleichgewicht finden, bis zu welchem Punkt der Teig aufgeht, aber mehr darüber im Kapitel über die Gare.

Die Autolyse ist nicht unbedingt erforderlich, aber der Teig wird schöner und leichter zu formen. Sie kann zwischen 20 Minuten und zwei Stunden oder länger dauern, wenn Sie den Teig gleich nach der Autolyse in den Kühlschrank stellen. Die Mehlsorten mit dem größten Eiweißanteil (dem besseren Gluten) vertragen eine längere Autolyse. Nach Ablauf dieser Zeit werden Sie feststellen, dass der Teig geschmeidiger, weicher ist und sich entspannt hat. Während des Ruhens arbeitet der Teig für Sie und Sie können sich um andere Dinge kümmern.

STOCKGARE

Nach der Autolyse des Teigs geben Sie den Sauerteig hinzu, der den Teig aufgehen lässt, und das Salz. Kneten Sie alles gut durch, damit sich alle Zutaten zu einem Teig verbinden. Ich selbst verteile den Sauerteig auf der Oberfläche des Teigs und streue dann gleichmäßig Salz darüber. Dabei kann man beobachten, wie das Salz die Glutenverbindungen zusammenzieht und stärkt.

Greifen Sie einfach einmal Sauerteig mit Salz darauf mit den Fingern, um diese Wirkung zu spüren! Außerdem wirkt es als Konservierungsmittel, verleiht dem Brot Geschmack, sorgt für die Färbung der Kruste und verlangsamt die Aktivität der Mikroorganismen, also der Milchsäurebakterien und der wilden Hefen.

Nach dem Kneten lassen Sie den Teig abgedeckt im Gefäß stehen, damit er gären und aufgehen kann. Er sollte auf etwa das Doppelte anwachsen, bis er leicht und luftig ist, ehe Sie ihn formen. Während der Stockgare im Gefäß (engl. *bulk fermentation*) können Sie den Teig auch in den Kühlschrank stellen, wo er reifen und einen volleren Geschmack entwickeln wird. Auch ich selbst mache es häufig so. Wenn der Teig im Kühlschrank steht, müssen Sie vor dem Vorwirken überprüfen, ob er seit dem Hinzugeben des Sauerteigs auf mindestens das Doppelte angewachsen ist. Wenn er nicht ausreichend aufgegangen ist, lassen Sie ihn noch bei Zimmertemperatur eine Weile gehen. Bei der Stockgare wird der Teig (die Glutenverbindungen) kräftiger, der Geschmack und die Struktur werden gestärkt.

Tipp: Wenn Sie keine Zeit haben, können Sie alle Zutaten zusammenmischen (also Mehl, Wasser, Sauerteig und Salz) und gut durchkneten. Lassen Sie den Teig abgedeckt bei Zimmertemperatur so lange aufgehen, bis er sich fast verdoppelt hat. Formen Sie ihn und geben Sie ihn in einen Korb oder eine Form. Lassen Sie ihn erneut aufgehen und backen Sie ihn. Auch so wird er gelingen. Jeder Schritt hat jedoch seinen Zweck. Ich selbst empfehle im Übrigen eine längere Gärung, mehr als 15 Stunden. In dieser Zeit muss der Teig auch im Kühlschrank reifen, anderenfalls geht er zu sehr auf und beginnt zusammenzufallen.

KNETEN

Nach der Zugabe von Salz arbeiten Sie Salz und Sauerteig mit den Fingern in den Teig ein. Ich selbst drücke und drehe ihn mehrmals mit der ganzen Hand (wie eine Schraube) und sorge dann durch Zusammendrücken dafür, dass sich der Teig mit dem Salz und dem Sauerteig verbindet. Beim Zusammendrücken achte ich darauf, dass ich den Teig (die Glutenverbindungen) nicht zerreiße, sondern gehe nur so weit, bis ich einen homogenen Teig erhalte. Auch wenn es vielleicht anfangs so aussieht, als würde der Teig den Sauerteig und das Salz nicht vollständig aufnehmen - keine Sorge, alle Zutaten werden sich bald miteinander verbinden.

Lassen Sie den Teig zehn Minuten ruhen, damit sich das Gluten ein wenig entspannt. Decken Sie das Gefäß immer ab, um die Bildung einer Kruste auf der Teigoberfläche zu verhindern. Nach zehn Minuten beginnen Sie mit dem Anteigen.

Dieser Teil ist nicht unbedingt erforderlich. Sie haben vermutlich schon von Brot ohne Kneten gehört. Doch der Zweck des Knetens ist die Stärkung der Glutenverbindungen, die dann die Menge an Kohlendioxid halten können, die die wilden Hefen während der Gärung produzieren. Je mehr Sie das Gluten entwickeln, desto mehr Volumen wird das Brot am Ende haben. Sie können ihn auch mit einer Küchenmaschine kneten, doch in diesem Fall müssen Sie vorsichtig sein, dass Sie den Teig nicht zu sehr kneten. Im schlimmsten Fall kann Wasser austreten.

Es gibt mehrere Knetmethoden, finden Sie diejenige, die Ihnen am meisten liegt. Hier sind ein paar von jenen, die ich selbst am häufigsten anwende. Für gewöhnlich knete ich zwei bis drei Mal alle 2-3 Minuten. Vor und nach dem Kneten können Sie testen, wie sich das Gluten entwickelt hat (engl. *window pane tes*t). Ziehen Sie den Teig auseinander und achten Sie auf seine Struktur. Nach dem Kneten wird sie sehr viel gleichmäßiger und schöner sein. Wenn Sie Vollkornmehl verwenden, behindert die Kleie ein wenig das Entstehen einer schönen Struktur.

Da sich beim Kneten die Glutenverbindungen zusammenziehen, sollte der Teig nach jedem Kneten mindestens zehn oder fünfzehn Minuten ruhen, damit sie sich wieder entspannen. Wenn Ihnen das Kneten im Gefäß nicht liegt, können Sie auch auf der Arbeitsfläche kneten. In jedem Fall sollte Ihr Kontakt mit dem Teig möglichst kurz und schnell sein. Dieser kurze und schnelle Kontakt gilt auch für alle weiteren Schritte. Vor dem Kneten können Sie Ihre Hände leicht anfeuchten, aber nicht zu sehr, da Sie sonst zu viel Wasser in den Teig bringen.

Gewöhnliches Kneten oder Zusammendrücken des Teigs

Greifen Sie den Teig mit den Händen und drücken und kneten Sie ihn, wie es Ihnen am besten liegt.

Fassen und dehnen

Diese Technik wende ich am häufigsten an. Sie erinnern sich vermutlich daran, wie unsere Großmütter den Krapfenteig mit einem Kochlöffel geschlagen haben - die Knetmethode ist ähnlich. Bei dieser Technik des Fassens und Dehnens (engl. *scoop and stretch*) greifen Sie mit der ganzen Handfläche und geschlossenen Fingern unter den Teig, heben ihn möglichst schnell an und ziehen ihn nach oben, um so das Gluten zu stärken.

Auf die Arbeitsfläche schlagen und falten

Eine gute Technik für einen Teig mit mehr Wasser. Feuchten Sie die Arbeitsfläche ein wenig an und kratzen Sie mit einem Teigschaber den Teig aus der Schüssel. Fassen Sie ihn mit beiden Händen an einer Seite, heben Sie ihn an und ziehen Sie ihn auseinander. Schlagen Sie ihn auf die Oberfläche und falten Sie ihn (engl. *slap and fold*). Wiederholen Sie dies mehrmals. Mit jedem Schlag auf die Arbeitsfläche wird der Teig glatter und geschmeidiger. Das Verfahren können Sie so lange wiederholen, bis sich das Gluten zusammenzieht und kein weiteres Falten mehr möglich ist.

Dehnen und falten

Dies dient der zusätzlichen Stärkung des Glutens während der Stockgare im Gefäß. Außerdem wird dadurch die Nahrung für die wilden Hefen und die Milchsäurebakterien verteilt, die Temperatur des Teigs ausgeglichen und dem Teig Luft zugeführt.

Innerhalb der zwei Stunden nach dem letzten Kneten dehnen und falten Sie ihn alle 20–30 Minuten ein Mal (engl. *stretch and fold*), also insgesamt vier Mal. Beim letzten Mal gehen Sie bereits sanfter mit dem Teig um, da er dann schon etwas Kohlendioxid enthält. Fassen Sie mit der Hand an einem Ende der Schüssel unter den Rand des Teigs und greifen Sie ihn mit geschlossenen Fingern. Ziehen Sie den Teig so, dass er nicht reißt, nach oben und auf sich zu und falten Sie ihn. Wiederholen Sie dies den gesamten Rand der Schüssel entlang.

Ich selbst runde nach jedem Mal den Teig gerne ab, damit er eine schöne Oberfläche bekommt.

Das mache ich, indem ich die Handfläche in einem Winkel unter den Teig schiebe und in eine Richtung Druck ausübe, während ich das Gefäß mit der anderen Hand in die entgegengesetzte Richtung schiebe.

Tipp: Wenn der Teig beziehungsweise das Gluten noch nicht ausreichend entwickelt ist, können Sie ihn auch häufiger dehnen und falten. Falls Sie keine Zeit haben, lassen Sie das Dehnen und Falten einfach aus.

Teig vor dem Aufgehen

Teig, der für das Vorwirken ausreichend aufgegangen ist

VORWIRKEN

Das Vorformen oder Vorwirken (engl. *preshaping*) dient dazu, die Glutenverbindungen noch zusätzlich zu stärken, außerdem erhält dabei der Laib oder das Stangenbrot schon teilweise seine spätere Gestalt, was die endgültige Formgebung erleichtert. Bei diesem Vorgang entsteht auch eine Spannung auf der Teigoberfläche, damit der Teig während des Backens sein Eigengewicht stützen kann. Sobald der Teig sein Volumen in etwa verdoppelt hat, ist er ausreichend aufgegangen und kann vorgeformt werden. Wenn man ihn nun auf eine ebene Fläche stürzt, sind seine Ränder leicht abgerundet und er läuft nicht so stark auseinander, da er bereits ausreichend Kohlendioxid enthält. In diesem Schritt kann man den Teig auch teilen, falls man mehrere Stücke herstellen möchte.

Bestreuen Sie die Arbeitsfläche mit Mehl. Die Menge des Mehls richtet sich dabei nach dem Feuchtigkeitsgehalt des Teigs: Wenn er eher feucht ist, verwenden Sie etwas mehr Mehl, anderenfalls weniger. Mit der Zeit werden Sie ein Gefühl für die Mehlmenge auf der Arbeitsfläche entwickeln. Es darf nicht zu viel Mehl sein, da Sie sonst keine Haftung zwischen Teig und Arbeitsfläche erzeugen können und er nur auf der Arbeitsfläche herumrutscht. Bevor Sie den Teig mit einem abgerundeten Schaber oder Spachtel aus der Schüssel nehmen und auf die Arbeitsfläche streichen, sollten Sie das Werkzeug leicht anfeuchten. So lässt sich der Teig viel leichter aus der Schüssel lösen, außerdem bleiben die Bläschen erhalten. Gehen Sie sanft mit diesem Teig um, wenn Sie gleichmäßig große Poren erzielen möchten. Größere Bläschen können Sie entfernen, indem Sie leicht mit den Händen auf den Teig klopfen. Wenn Sie auf der Teigoberfläche eine Spannung erzeugen, dann nur so viel, dass die Oberfläche nicht rissig wird.

Für einen Laib (fr. *boule*) oder ein Stangenbrot (fr. *batard*) rollen Sie den Teig in quadratischer Form aus, ziehen dann die obere Hälfte ein wenig, falten sie zu zwei Dritteln nach unten und drücken sanft auf den Falz. Dann nehmen Sie den linken Teil des Teigs, ziehen ihn ebenfalls ein wenig und falten ihn nach rechts, wiederum zu zwei Dritteln. Nehmen Sie den rechten Teil und falten ihn mit leichtem Zug nach links, wieder zu zwei Dritteln. Nun bleibt nur noch der untere Teil übrig, auch diesen ziehen Sie ein wenig und falten ihn zu zwei Dritteln nach oben. Schließlich drehen Sie den geformten Laib so um, dass die glatte Seite nach oben zeigt und die Naht, der sogenannte Teigschluss (engl. *seam*), nach unten. Dabei können Sie sich auch mit einer Teigkarte behelfen. Bestäuben Sie den Laib mit etwas Mehl und decken Sie ihn mit einem Tuch ab.

Wenn der Teig sehr feucht ist, können Sie die Arbeitsfläche auch mit Wasser besprühen und dann den Teig mit einer Teigkarte formen. Um Spannung auf der Teigoberfläche zu erzeugen, ist Haftung zwischen Teig und Arbeitsfläche erforderlich - schieben Sie die Teigkarte sanft zwischen Teig und Arbeitsfläche und drehen Sie sie in einer Kreisbewegung um den Teig.

ZWISCHENGARE

Nach erfolgtem Vorwirken lassen Sie den Teig abgedeckt mindestens 15 bis 25 Minuten auf der Arbeitsplatte ruhen (engl. *bench resting*). In dieser Zeit wird sich das Gluten entspannen, der Teig wird ein wenig auseinanderlaufen und Sie können ihn leichter endgültig formen. Wenn er Ihnen auf der Arbeitsfläche zu sehr auseinanderläuft, können Sie ihn erneut vorwirken und wieder einige Zeit auf der Arbeitsfläche ruhen lassen, damit er noch ein wenig aufgeht.

WIRKEN

Bei der endgültigen Formung, dem Wirken (engl. *final shaping*), haben Sie noch einmal eine letzte Gelegenheit, den Teig zu stärken und eine Spannung auf der Oberfläche zu erzeugen. Bestäuben Sie den Teig noch ein wenig mit Mehl, bevor Sie ihn mit der Teigkarte mit der Oberseite auf die Arbeitsfläche drehen. Dann liegt also die Seite, die auf der Arbeitsfläche geruht hat, oben und die glatte Seite unten. Ich stelle Ihnen hier die von mir am häufigsten angewandten Methoden vor. Darüber hinaus gibt es weitere und Sie werden mit Sicherheit die Methode finden, die Ihnen am besten zusagt.

Beim endgültigen Formen des Laibs haben Sie zwei Möglichkeiten: Sie können die Schritte des Vorwirkens wiederholen oder mit den Fingern alle Ecken des Teigs nach innen falten und dabei mit dem Daumen einer Hand alle Ecken in der Mitte halten. Wiederholen Sie den Vorgang, bis es nichts mehr nach innen zu falten gibt. Drehen Sie dann den Laib mit der Teigkarte erneut um, so dass die glatte Seite oben und der Teil, an dem sich alle Ränder berühren, unten liegt. Mit leicht bemehlten Händen können Sie den Laib noch ein paar Mal wenden, wobei Sie mit den Handflächen auf die Arbeitsfläche und den unteren Teil des Laibs drücken. Wiederholen Sie dies so lange, bis an der Oberfläche eine schöne Spannung entsteht, die jedoch nicht reißen darf. Bei diesem Drehen des Teigs sollte sich so wenig Mehl wie möglich oder fast gar keines auf der Arbeitsfläche befinden, da Sie andernfalls keine Reibung erzeugen können und den Teig nur auf der Oberfläche herumschieben. Warten Sie noch zwei oder drei Minuten, bis der untere Teigschluss verklebt, und stäuben Sie Mehl darüber.

Wirken von Stangenbrot

Wenn Sie den Teig auf die glatte Oberfläche drehen, falten Sie bei der Formung von Stangenbrot beide Ecken nach innen. Dann beginnen Sie, mit den Fingern den Teig zu sich zu drehen, wobei Sie mit den Daumen auf die Verbindungen und ein wenig von sich wegdrücken. Dazwischen können Sie die linke und die rechte Seite des Teigs noch einmal nach innen falten. Wenn Sie zum Ende gelangen, drücken Sie noch ein wenig auf die Verbindung. Bei der Erzeugung von Spannung auf der Teigoberfläche können Sie sich auch mit einer Teigkarte und mit der Hand auf der anderen Seite behelfen. Diese Art des Wirkens eignet sich auch für Brot, das Sie in einer Backform backen, z. B. für den Toast auf S. 174.

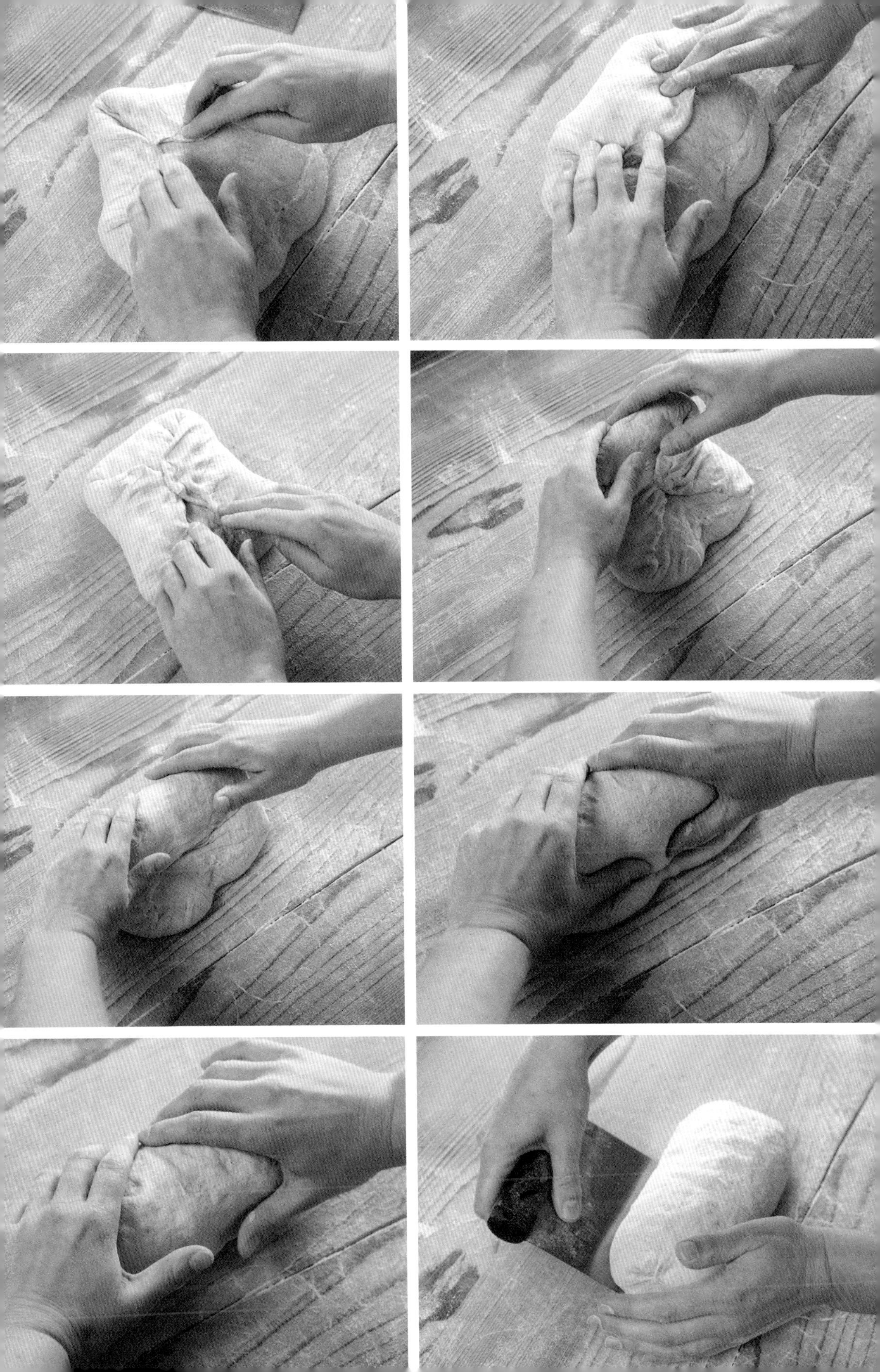

VORBEREITUNG DES GÄRKORBS

Den Gärkorb können Sie mit oder ohne Tuch verwenden. Verzichten Sie auf das Tuch, wird der Korb auf der Teigoberfläche ein schönes Muster hinterlassen, doch in diesem Fall sollten Sie ihn zuerst ein wenig mit Wasser besprühen und dann wirklich gut mit Mehl bestäuben, da der Teig gerne am Korb festklebt, besonders wenn er viel Flüssigkeit enthält. Die besten Mehlsorten, die ein Anhaften des Teigs am Korb oder am Tuch verhindern, sind der Reihe nach Reismehl, Maismehl und Buchweizenmehl (alle sind glutenfrei, daher bilden sie bei Berührung mit Wasser keinen Teig), Grieß (sehr nützlich, auch dann, wenn man eine Pizza von einer Kelle oder einem Tablett in den Ofen schieben möchte), Kleie, Vollkornmehl und zu allerletzt Weißmehl.

Wenn Sie ein Tuch verwenden, legen Sie es so in den Korb, dass es möglichst wenig Falten schlägt und dass sich diese überlagern. Nehmen Sie ein Leintuch, da Leinen die natürliche Fähigkeit besitzt, gerade die richtige Menge an Feuchtigkeit abzuleiten beziehungsweise zurückzuhalten. An zweiter Stelle stehen Baumwolltücher oder Küchentücher. Man kann auch spezielle Überzüge kaufen, die man dann so umarbeitet, dass sie gut am Korb anliegen. Was immer Sie verwenden, bestäuben Sie es gut mit Mehl. Das Mehl können Sie vor dem Backen auch mit einem Pinsel entfernen, wenn es zu viel war. Diese Tücher müssen nicht nach jedem Gebrauch gewaschen werden, da sich auf ihnen wie beim Stärken eine besondere Schicht bildet, die mit der Zeit ein Anhaften verhindert. Von Zeit zu Zeit (etwa zwei bis drei Mal im Jahr) wasche ich sie ohne Weichspüler.

STÜCKGARE

Der Laib oder das Stangenbrot wird nach der Formung in den mit Mehl bestäubten Gärkorb gelegt. Behelfen Sie sich dabei mit der Teigkarte, die Sie unter den Teig schieben, während Sie ihn mit der anderen Hand stützen. Heben Sie ihn dann an und legen Sie ihn so in den Korb, dass die glatte Seite wieder unten ist. Sie können den Teig aber auch so in den Gärkorb legen, dass der Teigschluss, also die Naht, an der Sie die Teile des Teigs verbunden haben, nach unten zeigt, das Brot wird sich dann beim Backen an dieser Stelle öffnen und muss nicht eingeschnitten werden. Dieses abschließende Aufgehen wird Stückgare genannt (engl. *final proofing*). Nach zwei oder drei Stunden bei Zimmertemperatur können Sie den geformten und abgedeckten Teig im Korb oder in der Backform in den Kühlschrank stellen, wo er langsam aufgehen wird.

SOURDOUGH

Beim Stürzen des Teigs aus dem Korb können Sie sich behelfen, indem Sie mit einer Hand den Teig stützen und mit der anderen den Korb umdrehen. Sie können auch Backpapier auf den Korb legen, darauf ein Tablett / eine Kelle, und dann den Korb umdrehen. Schütteln Sie nach Gebrauch das überschüssige Mehl vom Tuch und aus dem Korb und trocknen Sie beides, damit es nicht schimmelt und sich kein Ungeziefer darin vermehrt. Sollte der Korb aus Naturmaterialien bestehen, können Sie ihn nach dem Backen bei niedriger Temperatur (bis etwa einhundert Grad) auch in den Ofen stellen und ihn so trocknen.

WANN IST DER TEIG BACKFERTIG?

Auf diese Frage gibt es keine eindeutige Antwort, da sich die Zeiten schwer bestimmen lassen. Die Geschwindigkeit des Aufgehens wird nämlich von verschiedenen Faktoren beeinflusst: Menge und Alter des Sauerteigs, Wassertemperatur, Raumtemperatur, wie gut das Gluten entwickelt ist usw. Doch keine Sorge, je mehr Sie backen, desto schneller werden Sie ein Gefühl dafür entwickeln, wann der richtige Zeitpunkt gekommen ist. Beim Backen mit Sauerteig ist die Zeit Ihr Verbündeter, der Zeitraum, den der Teig zum Erreichen der Backreife benötigt, ist nämlich deutlich länger als beim Backen mit gewöhnlicher Hefe.

Einige Ratschläge in diesem Kapitel sollen Ihnen dabei helfen. Wie bei allen anderen Schritten gilt auch hier, dass Sie den Teig mit allen Sinnen begleiten sollten. Sehen Sie sich also zuerst an, um wie viel der Teig von dem Zeitpunkt an angewachsen ist, als Sie ihn in den Korb oder die Backform gegeben haben. Vor dem Backen sollte er sich nochmals in etwa verdoppeln. Wenn Sie die Stückgare in den Kühlschrank verlegt haben, müssen Sie vor dem Backen überprüfen, ob der geformte Teig seit der endgültigen Formung ausreichend angewachsen ist. Wenn er nicht ausreichend aufgegangen ist, lassen Sie ihn noch bei Zimmertemperatur eine Weile gehen.

Außer der Beobachtung des Volumens ist auch der Fingertest (engl. *poking test*) ein guter Indikator. Drücken Sie Ihren Finger einen guten Zentimeter tief in den Teig. Wenn der Teig gerade backreif ist, wird sich das Loch langsam wieder schließen, aber nicht vollständig. Heizen Sie den Ofen rechtzeitig vor. Währenddessen können Sie den Teig in den Kühlschrank stellen, damit er ein wenig fester wird. Wenn der Teig noch nicht ausreichend aufgegangen ist, wird sich das Loch schnell wieder schließen, in diesem Fall warten Sie noch ein wenig mit dem Backen. Wenn die Vertiefung unverändert bleibt, ist der Teig zu stark gegoren. Die Glutenverbindungen können das Kohlendioxid nicht mehr halten und beginnen einzusacken. Aber keine Sorge, backen Sie den Teig trotzdem. Er wird gut und schmackhaft sein, obwohl er im Ofen nicht weiter aufgehen kann und möglicherweise ein wenig in sich zusammensinkt oder auseinanderläuft. Merken Sie sich das Gefühl für das nächste Mal. Führen Sie diesen Test nicht gleich nach der endgültigen Formung durch, da er dann nicht die richtige Wirkung hat, und auch nicht dann, wenn Sie den geformten und aufgegangenen Teig aus dem Kühlschrank nehmen. Für einen besseren Vergleich testen Sie den Teig etwa 30 Minuten, nachdem Sie ihn in den Gärkorb oder die Backform gegeben haben.

Gären und Aufgehen überlappen sich ein wenig. Gärung ist der Oberbegriff, das Aufgehen wiederum Teil der Gärung oder eine Nebenwirkung davon, dass die wilden Hefen Kohlendioxid produzieren.

Aufgehtest

ZU WENIG

Drücken Sie einen Finger 1 cm tief in den Teig. Das Loch schließt sich schnell wieder vollständig. Warten Sie noch ein wenig.

RICHTIG

Das Loch schließt sich langsam und fast vollständig (nicht ganz vollständig). Heizen Sie den Ofen rechtzeitig vor.

ZU VIEL

Wenn die Vertiefung unverändert bleibt, ist der Teig zu stark gegoren. Backen Sie ihn trotzdem.

EINSCHNEIDEN UND VERZIEREN

Schneiden Sie den Teig ein, kurz bevor Sie ihn in den Ofen stellen. Das Einschneiden dient nicht nur der Verzierung, sondern hilft auch beim Aufgehen im Ofen. Ein richtig aufgegangener Teig erhält durch das Einschneiden noch mehr Volumen, das Brot wird größer. Gleichmäßig über die Oberfläche verteilte Einschnitte tragen zu einer gleichmäßigen Ausbreitung des Teigs im Ofen bei. Durch die Einschnitte kann sich der Teig außerdem genau an der Stelle öffnen, an der Sie dies wünschen. Wenn Sie ihn nicht einschneiden, öffnet sich der Teig vielleicht an der schwächsten Stelle. Wenn Sie ihn jedoch so auf das Tablett legen, dass der Teigschluss oben liegt, wird er sich genau dort öffnen. In diesem Fall muss man ihn nicht einschneiden.

Zum Einschneiden können Sie verschiedene Hilfsmittel verwenden. Professionelle Bäcker verwenden eine besondere Klinge zum Schneiden des Teigs (engl. *lame*). Sie können aber auch eine normale Rasierklinge verwenden, die Sie zwischen den Fingern halten oder auf einen Stab oder einen Spieß stecken. Für genaue Schnitte ist auch ein Skalpell oder ein sehr scharfes Messer nützlich. Interessante Formen können Sie auch mit einer Schere erzeugen - Blümchen, Dinosaurier usw.

Beim Einschneiden sollten Ihre Bewegungen schnell und überlegt sein, ziehen Sie den Teig nicht, sondern schneiden Sie hinein. Wenn Sie ein wenig Mehl auf die Oberfläche streuen, lässt er sich leichter einschneiden. Sie können auch die Klinge anfeuchten oder ölen. Ein gekühlter Teig lässt sich sehr viel einfacher einschneiden als einer, der bei Zimmertemperatur aufgegangen ist. Wenn Sie Ohren (engl. *ear*) oder einen nach oben aufgewölbten Rand des Brotes erhalten möchten, müssen Sie es in einem Winkel von 30-45 Grad einschneiden. Wenn Sie hingegen möchten, dass der Teig in die Breite geht, schneiden Sie ihn senkrecht zur Oberfläche ein. Wenn der Teig zu sehr aufgegangen / gegoren ist, vermeiden Sie das Einschneiden, da er aufgrund des geschwächten Glutengitters sonst in sich zusammenfallen wird. Bei einem etwas zu wenig aufgegangenen Teig können Sie sich dagegen tiefere Schnitte erlauben. Mit etwas Übung werden Sie genau die richtige Tiefe finden. Wenn der Teig genau richtig aufgegangen ist, schneide ich ihn etwa 0,5 bis 1 cm tief ein, um Ohren zu erhalten. Vergessen Sie nicht, dass das Einschneiden auch eine Art Unterschrift des Bäckers ist. Finden Sie Ihre eigene.

DIE VERWENDUNG VON SCHABLONEN

Eine andere Art der Verzierung erfolgt mit Hilfe von Schablonen. Wenn Sie ein Kontrastmotiv wünschen, verwenden Sie Mehl, Kakao oder andere farbige Gewürze (z. B. Kurkuma, Paprikapulver oder Algen (Spirulina)). Legen Sie die Schablone auf den Teig und besprühen Sie sie mit ein wenig Wasser, damit das Motiv besser haftet. Dann wird bestreut. Hierbei sind die Teesiebe sehr hilfreich, die ich bereits bei den Hilfsmitteln erwähnt habe. Entfernen Sie vorsichtig die Schablone, um das Muster nicht zu zerstören. Den Teig können Sie noch einschneiden, bevor Sie ihn in den Ofen schieben. Besprühen

Sie ihn in diesem Fall nicht im Ofen, wenn Sie den Teig backen, da sonst das Muster beschädigt werden kann. Verwenden Sie lieber eine tiefe Backform mit Wasser am Boden des Backofens oder backen Sie in einer gusseisernen Backform mit Deckel.

ANDERE MÖGLICHKEITEN DER VERZIERUNG

Eine dritte Methode sind verzierte Teigformen, mit Zöpfen bis hin zu Baguettes mit eingeschnittenen Bändern, Kaisersemmeln, Brezeln, Hörnchen, Blumen, Herzchen usw. Ihrer Fantasie sind keine Grenzen gesetzt.

Sie können auf den Teig auch zeichnen oder schreiben. Bereiten Sie eine Mischung aus dunklem Kakao, flüssigem Zucker und Wasser zu, die gerade flüssig genug ist, um mit einem Pinsel aufgetragen zu werden.

Mit all diesen Methoden können Sie sehr schöne Geschenke kreieren, die nicht nur gut aussehen, sondern auch schmackhaft und gesund sind. Ich selbst verschenke außerordentlich gerne Brot mit Sauerteig. Es erfüllt mich mit großer Freude, das Glück in den Augen des Beschenkten zu sehen. Gute Sachen sind nämlich am besten, wenn wir sie teilen.

Einschneiden

LAIB

STANGENBROT

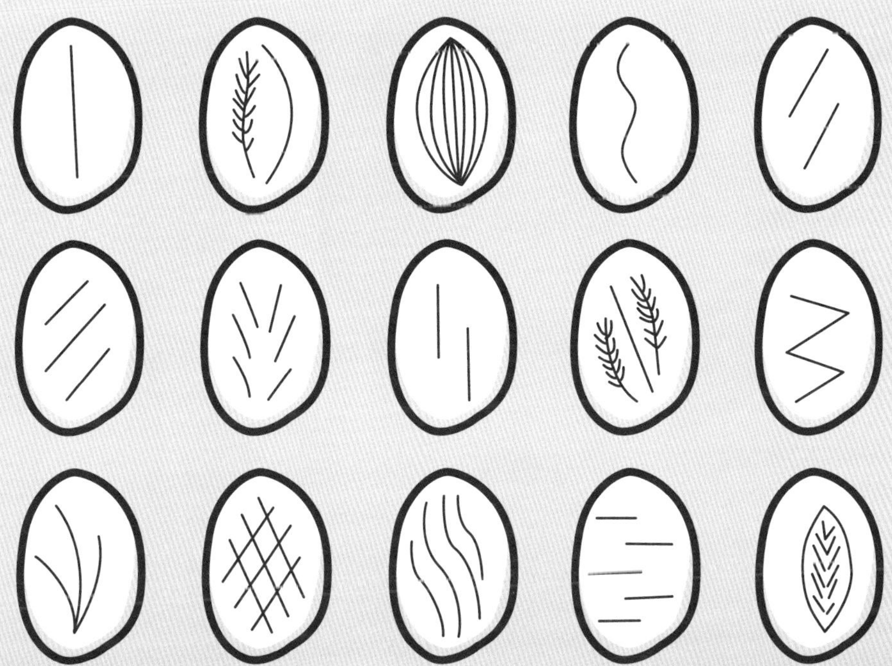

BACKEN

Beim Backen haben Sie die Wahl zwischen mehreren Möglichkeiten. Auf jeden Fall brauchen Sie einen guten Backofen. Meiner ist zwar schon ein paar Jahre alt, aber ich bin sehr zufrieden damit. Wenn Sie die Wirkung eines Brotofens erzielen möchten, können Sie ein gusseisernes Gefäß mit Deckel (engl. *dutch oven*) verwenden, das die Wärme sehr gut abgibt und das den Dampf auffängt, den der Teig in den ersten 20 Minuten produziert. Diese Gefäße sind jedoch sehr schwer und Sie können damit nur einen Laib oder ein Stangenbrot auf einmal backen. Die zweite Möglichkeit ist ein emailliertes Gefäß mit Deckel, das leichter ist, aber dennoch die Feuchtigkeit gut zurückhält. Sie können auch eine sehr hohe Backform oder ein anderes feuerfestes Gefäß über den Teig stülpen. Wenn Sie mehrere Stücke auf einmal backen möchten, empfehle ich Ihnen, eine Stahl-, Ton-, Schamotte- oder Granitplatte zu verwenden. Diese eignen sich auch sehr gut zum Pizzabacken, da der Boden wie im Brotofen braun gebacken wird. Eine Stahlplatte (engl. *steel plate/Pizza Steel*) gibt ziemlich schnell Temperatur ab, was in den ersten Minuten für das Hochgehen des Teigs während des Backens (engl. *oven spring*) wichtig ist, während Ton-/Schamotte-/Granitplatten die Wärme länger halten, aber nicht so schnell abgeben. Für den Anfang reicht jedoch ein ganz gewöhnliches Backblech vollkommen aus, das mit dem Backofen geliefert wurde. Vielleicht denken Sie später über die Anschaffung eines der zuvor genannten Hilfsmittel nach.

In jedem Fall sollten Sie den Backofen und das Gefäß oder die Backform mindestens 45 Minuten auf höchster Temperatur vorheizen, ehe der Teig backfertig ist. Ich selbst verwende eine »Pizza Steel«-Stahlplatte oder ein emailliertes Gefäß. Beide heize ich mindestens 45 Minuten bei 275 Grad vor. Da Backöfen jedoch unterschiedlich sind, suchen Sie eine geeignete Einstellung, die für Sie am besten ist. Die empfohlene Einstellung ist Ober- und Unterhitze ohne Lüftung. Bezüglich der Erzeugung von Dampf im Backofen siehe das Unterkapitel auf der nächsten Seite, »Dampf im Backofen, knusprige Kruste auf dem Tisch«. Wenn Sie den Teig in den Backofen schieben, senken Sie die Temperatur auf 240 - 230 Grad. In den ersten 15 Minuten ist diese hohe Temperatur erforderlich, damit der Teig, wenn er ausreichend aufgegangen ist, auch im Ofen noch aufgeht. Nach 15 Minuten entfernen Sie den Deckel oder die Dampfquelle, damit sich auf der Teigoberfläche eine Kruste bilden kann, und backen den Teig so lang, bis sich die Kruste braun färbt. Ein Kilogramm Teig muss insgesamt etwa 40 - 50 Minuten backen. Roggenbrot braucht länger und muss 15 Minuten mit Dampf gebacken werden, danach senkt man die Temperatur auf 200 Grad und backt ihn noch weitere 50 bis 60 Minuten, je nach Größe.

Wenn Sie zum Backen ein Gefäß verwenden, können Sie sich behelfen, indem Sie den Teig auf Backpapier stürzen, dann die Enden greifen und ihn in das Gefäß legen. Ich selbst habe einen kleinen Gärkorb, in den ich das Gefäß stürzen kann, dann drehe ich den Korb um und entferne ihn. Das Papier ist praktisch, wenn Sie das Brot auf einem Backblech backen möchten, denn dann können Sie den Teig mit einem anderen Backblech einfach aufschieben. Diese Backpapierstücke können Sie mehrfach verwenden, solange sie halten.

DAS GESCHIEHT IM TEIG WÄHREND DES BACKENS

Unter dem Einfluss der Hitze werden die Vorgänge im Teig beschleunigt und die Enzyme arbeiten schneller. Während der letzten Phase beginnt die letzte schnelle Bildung von Kohlendioxid im Innern des Teigs, das sich nach außen ausbreitet, darum wächst der Teig noch weiter. Die Enzyme an der Teigoberfläche sind unter dem Einfluss der Hitze noch aktiver und wandeln die Stärke in zuckerähnliche Verbindungen (Dextrine) um, die zur Färbung der Kruste gegen Ende des Backvorgangs beitragen. Die Hefen sterben bei einer Innentemperatur von 55 - 60 Grad Celsius ab, ebenso die Bakterien. Das Gluten beginnt zu koagulieren und Wasser an die Stärke abzugeben, die verleimt und so die Krume bildet. Wenn die Höchsttemperatur im Inneren des Brots erreicht ist (90 - 100 Grad Celsius), beginnt die Kruste sich zu färben.

Zwischen 100 und 177 Grad Celsius beginnt die sogenannte Maillard-Reaktion, es bilden sich Ketone, Aldehyde und verschiedene Säuren, die zu Geschmack und Aroma beitragen. Eine schöne, braune Kruste ist vor allem von dieser Reaktion abhängig, die unter anderem auch beim Braten von Fleisch abläuft. Wenn die Brotoberfläche eine Temperatur von 149 bis 204 Grad Celsius erreicht, wird zudem die Karamellisierung der verbleibenden Zucker in der Kruste ausgelöst, was zusätzlich zum Geschmack beiträgt (Hamelman, 2013). Wenn der Teig zu stark gegoren ist, bleibt daher auch die Kruste blass, da im Teig nicht genügend Zucker für die Maillard-Reaktion vorhanden sind. Das Gleiche geschieht, wenn während der ersten 15 Minuten des Backens kein Dampf vorhanden ist.

DAMPF IM BACKOFEN, KNUSPRIGE KRUSTE AUF DEM TISCH

Das Geheimnis einer schönen und knusprigen Kruste wie aus der Bäckerei liegt in der Zugabe von Dampf in den ersten 15 Minuten des Backvorgangs. Der Dampf sorgt dafür, dass das Backerzeugnis im Backofen noch aufgeht, da seine Oberfläche durch den Dampf weich und geschmeidig wird. Wenn Sie keinen Dampf verwenden, wird die Kruste in Kontakt mit trockener Luft hart und der Teig geht nicht mehr auf. Folglich hat das Brot ein geringeres Volumen und eine blassere Kruste.

Im heimischen Backofen haben Sie mehrere Möglichkeiten, um Dampf zu erzeugen:

1) Verwenden Sie ein Gefäß mit Deckel, in der Regel ein gusseisernes, das die Wärme gut speichert. Auch ein emailliertes Gefäß eignet sich meinen Erfahrungen nach gut. Beide Typen von Gefäßen müssen mit dem Backofen mindestens 45 Minuten vorgeheizt werden.
2) Wenn Sie in einer Backform, auf einer Ton- oder Stahlplatte größere Mengen auf einmal backen, stellen Sie 15 Minuten, ehe Sie den Teig in den Backofen geben, noch eine kleinere Backform hinein. In diese legen Sie ein paar Eiswürfel oder gießen kochendes Wasser hinein, wenn Sie den Teig in den Ofen stellen.
3) Legen Sie Vulkangestein in eine kleinere Backform und heizen Sie es zusammen mit dem Backofen auf. Wenn Sie den Teig hineinstellen, gießen Sie kochendes Wasser auf die Steine.
4) Wenn Sie eine etwas tiefere Backform besitzen, können Sie diese über den Teig stürzen.
5) Sie können auch mit einer Sprühflasche Feuchtigkeit in den Backofen bringen. Ich selbst verwende häufig diese kleinen Sprühflaschen für Blumen.
6) Besprühen Sie die Teigoberfläche vor dem Backen oder befeuchten Sie sie mit den Händen. Das reicht für gewöhnlich nicht aus, ist jedoch besser als nichts.
7) Verwenden Sie einen Backofen mit Dampfunterstützung, der automatisch für die richtige Menge Dampf im Garraum sorgt.

Nach 15 Minuten Backen mit Dampf entfernen Sie den Deckel oder das Tablett mit dem Wasser, damit die Kruste schön fertigbacken kann. Wenn Sie eine weichere Kruste möchten, lassen Sie den Dampf etwas länger im Backofen.

Wenn der Teig viel Zucker, Butter oder Eier enthält (Brioche, Potitze, Hörnchen u. Ä.), ist kein Dampf erforderlich.

Für mich ist der Backofen das Herz der Küche, ohne geht es nicht. Ich gebe zu, dass ich mir immer einen erstklassigen Backofen in meiner Küche gewünscht habe, und letztes Jahr ging dieser Wunsch in Erfüllung. Seit Ende August 2019 teste und verwende ich mit dem größten Vergnügen den Backofen H 7860 BP mit Dampfunterstützung von Miele*. Seine Eigenschaften haben mich begeistert, denn er bietet alles, was ich für das Backen ausgezeichneter Sauerteig-Köstlichkeiten brauche.

Bei meinem alten Ofen habe ich mich nämlich mehrmals mit heißem Wasser verbrüht, wenn ich im Ofen Dampf erzeugen wollte, zu Beginn des Backvorgangs oder nach 15 Minuten, wenn ich das Wasser aus dem Ofen entfernen musste. Mit dem Backofen von Miele* habe ich diese Probleme nicht, da er über ein einzigartiges Dampfbackprogramm verfügt. Die Brotkruste wird jetzt noch schöner als zuvor, noch knuspriger und mit einer wunderbaren Farbe. Ich möchte Ihnen noch einen Tipp für eine knusprigere Kruste verraten - schalten Sie für die letzten 10 Minuten des Backvorgangs die Lüftung ein. Den Backofen von Miele[*2] mit Dampfunterstützung habe ich deshalb ausgesucht, weil er auch bei 275 Grad die Zugabe von Dampf ermöglicht, während gewöhnliche Backöfen nur bis 230 Grad Dampf zugeben. Eine hohe Anfangstemperatur ist für das Hochgehen des Teigs während des Backens wichtig; natürlich muss dieser richtig aufgegangen sein. Der Backofen lässt sich ganz einfach bedienen und ermöglicht eine Dosierung der Dampfmenge und eine Einstellung der Dampfzeit. Während des Backens selbst kann ich über eine Kamera, die oben im Backofen angebracht ist, den Backvorgang verfolgen, wenn ich nicht die ganze Zeit zu Hause bin.

Der Backofen verfügt über einen integrierten Timer, der bisweilen nützlich ist, da ich abends die Zeit einstellen kann, wenn ich ihn vorheizen möchte. Dadurch ist ein frühes Aufstehen am Morgen nicht mehr nötig. Dass ich den Backofen nach dem Backen von Sauerteigpizzen und anderen Sauerteigprodukten mit Belag durch Pyrolyse so wirkungsvoll reinigen kann, hätte ich auch nicht gedacht. Jetzt werde ich noch öfter backen, hihi.

---

* Den Backofen hat mir die Firma Miele Slovenija zur Verfügung gestellt. Hier gebe ich meine eigene, ehrliche Meinung wieder, da ich mit dem Backofen vollkommen zufrieden bin und ihn wärmstens empfehlen kann.

DIE KÖSTLICHKEITEN ABKÜHLEN LASSEN UND GENIESSEN

Wenn es aus dem Ofen schon verführerisch duftet und sich die Kruste schön dunkelbraun oder goldbraun färbt, ist es Zeit, das Backstück herauszuholen. Legen Sie es auf ein Gitter, damit die Luft rundherum zirkulieren kann und die Unterseite trocken bleibt, anderenfalls wird es weich und feucht. Während des Abkühlens wandert die Feuchtigkeit nämlich aus der Krume zur Kruste. Wenn Sie eine knusprige Kruste haben möchten, decken Sie das Brot auf keinen Fall ab. Wenn Ihnen eine weiche Kruste lieber ist, lassen Sie den Dampf etwas länger im Ofen oder bestreichen die Kruste nach dem Backen mit Butter oder Öl. Sie können das Brot auch mit einem leicht angefeuchteten Tuch abdecken oder in eine Decke einwickeln.

Wenn Sie sich lange genug beherrschen können, das Brot nicht zu essen, solange es noch warm ist, warten Sie mit dem Anschneiden, bis es sich abgekühlt hat. Erst dann sind Geschmack und Aroma schön entwickelt und die Krume ist schön fest geworden. Nach dem Backen sollte es also mindestens eine, besser zwei Stunden abkühlen. Wenn Sie Roggenbrot gebacken haben, sollte dieses mindestens zwölf Stunden ruhen, besser 24 Stunden. So viel Zeit ist nötig, damit die Roggenkrume fest wird und vor allem Geschmack entwickelt - Roggenbrot altert gut und wird mit der Zeit noch besser.

Wenn ich Brot schneide, lege ich es die ersten zwei Tage mit der angeschnittenen Seite nach unten auf ein Brett, für gewöhnlich stecke ich es auch in einen Brotbeutel aus Leinen. Nach zwei Tagen gebe ich es dann zusammen mit dem Leinenbeutel noch in einen Plastikbeutel, um ein Austrocknen zu verhindern. Doch bei uns ist die Lebensdauer eines Brotlaibs ziemlich kurz, da ich kleinere Laibe backe, die in zwei oder drei Tagen aufgebraucht sind. Und das mache ich nur, damit ich häufiger backen kann.

VERSCHIEDENE VERFAHREN

In diesem Unterkapitel sind die Verfahren aufgeführt, die sich von dem oben beschriebenen unterscheiden.

ZUBEREITUNG EINES 100 %IGEN ROGGENBROTS

Das Rezept für beide Brotsorten finden Sie auf S. 168 und S. 169. Hier sind beide Verfahren auch mit Fotos dargestellt.

100 %iges Roggenbrot in der Backform

Mischen Sie Mehl und Wasser mit einem Spachtel oder einem Kochlöffel zu einer Masse, die sehr weichem Ton ähnelt. Lassen Sie sie 20 Minuten ruhen und geben Sie dann den verdoppelten Sauerteig und das Salz hinzu. Mischen Sie das Ganze sehr gut durch, so dass sich alle Zutaten gut miteinander verbinden und in dem Gemisch verteilen. Decken Sie es ab und mischen Sie es nach 20 Minuten erneut gut durch. Bestreichen Sie die Backform mit Butter oder Öl und füllen Sie das Gemisch mit einem Spachtel in die Form. Bestreuen Sie es ausgiebig mit Roggenmehl und decken Sie die Backform in den ersten zwei Stunden nicht ab. Legen Sie danach eine Duschhaube oder ein Leinen- beziehungsweise Baumwolltuch darüber, damit der Teig nicht austrocknet. Er soll so lange aufgehen, bis sich die Teigmenge verdoppelt hat und die Oberfläche schön rissig ist, genau wie beim Roggenbrot im Laib.

TIPP: Für Roggenbrot kann der Sauerteig saurer sein. Er kann also bereits beginnen zusammenzufallen, muss aber noch immer aktiv sein. Aufgrund der Eigenschaften von Roggenmehl muss der Teig saurer sein. Wenn sich bei Ihnen eine größere Menge an Sauerteig ansammelt, der ein wenig saurer ist, als Sie ihn üblicherweise für andere Mehltypen verwenden würden, können Sie ihn guten Gewissens für ein Roggenbrot verwenden.

100 %iges Roggenbrot im Laib

Mischen Sie Mehl und beinahe die gesamte Menge Wasser mit einem Spachtel oder einem Kochlöffel zu einer bröckeligen Masse. Lassen Sie sie 20 Minuten ruhen, geben Sie dann den verdoppelten Sauerteigansatz, das restliche Wasser und das Salz hinzu. Mischen Sie das Ganze sehr gut durch, so dass sich alle Zutaten gut miteinander verbinden und im Teig verteilen. Danach sollte es abgedeckt 20 Minuten ruhen. Mischen oder kneten Sie den Teig dann erneut gut durch.

Bestreuen Sie die Arbeitsfläche ausgiebig mit Roggenmehl und geben Sie dann den Roggenteig darauf. Bestäuben Sie Ihre Hände gut mit Mehl und formen Sie durch Falten einen kleinen Laib. Wälzen Sie ihn in Roggenmehl und geben Sie ihn in einen bemehlten Korb oder einfach auf ein Tablett, das mache ich auch selbst meistens so. Streuen Sie viel Roggenmehl auf die Oberseite.

Decken Sie den Laib die ersten eineinhalb Stunden lang nicht ab, wenn er auf einem Tablett liegt. Legen Sie danach eine tiefe Backform darüber, damit er nicht austrocknet. Wenn er sich in einem Korb befindet, decken Sie ihn mit einer Duschhaube, einem Leintuch oder Frischhaltefolie ab. Lassen Sie ihn so lange aufgehen, bis sich das Volumen verdoppelt hat und die Oberfläche schön rissig ist.

Roggenbrot vor dem Aufgehen

Roggenbrot vor
dem Backen

BAGUETTE

Beim Vorwirken eines Baguettes formen Sie den Teig zu einem Quadrat und wickeln ihn zu sich hin. Beim Wickeln drücken Sie sanft von sich weg in den Teig. Wenn Sie damit fertig sind, sollte sich der Teigschluss auf der Oberseite befinden. Bestäuben Sie den Laib mit etwas Mehl und decken Sie ihn mit einem Tuch ab. Lassen Sie ihn abgedeckt mindestens 20 Minuten ruhen.

Drehen Sie den Teig beim abschließenden Wirken so, dass die glatte Seite nach unten zeigt. Sie können das Wirken durch Rollen zu einer Wurst wiederholen oder die beiden oberen Ränder nach innen falten. Falten Sie dann den oberen Teil zur Hälfte. Drehen Sie den Teig um 180 Grad. Falten Sie erneut die beiden oberen Ränder nach innen und den oberen Teil zur Hälfte, behelfen Sie sich mit dem Daumen.

Falten Sie die obere Hälfte über die untere und drücken Sie mit dem Daumen oder dem unteren Teil der Handfläche gleichmäßig auf den Teigschluss.

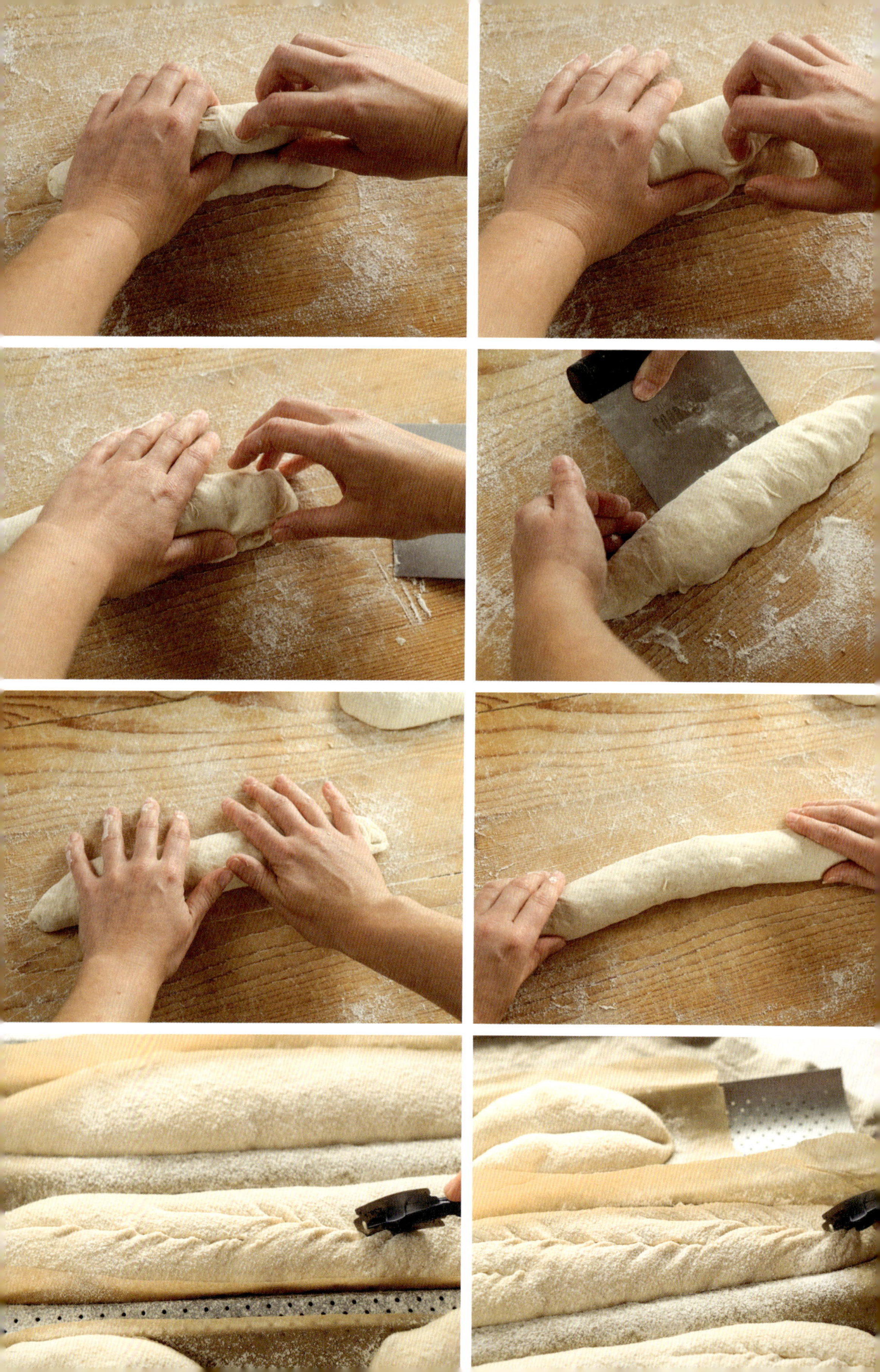

Rollen Sie es mit den Händen auf die Länge eines Baguettes.

Falls sich der Teig nicht richtig formen lässt, decken Sie ihn ab und lassen ihn etwa 10 Minuten ruhen. Rollen Sie dann das Baguette auf die gewünschte Länge.

Legen Sie es so in den Backofen, dass sich der Teigschluss unten befindet. Wenn es ausreichend aufgegangen ist, schneiden Sie es mit einer Klinge in der Mitte drei Mal ein, so dass die Einschnitte einander zu einem Drittel überlappen.

RUNDSTÜCKE

Einige Backerzeugnisse müssen nur einmal geformt werden, zum Beispiel Rundstücke für Semmeln oder Krapfen und Ähnliches. Nehmen Sie mit der leicht bemehlten Hand ein Stück Teig und falten Sie alle Ränder nach innen. Wenn Sie Buchteln zubereiten, geben Sie die Füllung in die Mitte des Teigstücks und falten dann die Ränder.

Runden Sie die Rundstücke dann noch auf der Arbeitsfläche ab, indem Sie sie mit der Handfläche umfassen und mit kreisförmigen Bewegungen Reibung zwischen Teigstück, Handfläche und Arbeitsfläche erzeugen. Kleinere Rundstücke können Sie zusätzlich einfach in den Handflächen formen, indem Sie Reibung zwischen Teig und Handfläche erzeugen. Bestäuben Sie sie mit Mehl.

PIZZA

Beim Formen einer Pizza stellen Sie zunächst kleine Laibe oder Rundstücke her und lassen sie abgedeckt mindestens 20 Minuten ruhen. Dann können Sie die Laibe mit dem Handrücken und den Fingern auseinanderziehen oder mit den Fingergliedern einen Rand formen und dann den Teig nach außen auseinanderziehen. Rollen Sie den Teig nicht aus, da Sie sonst die Bläschen entfernen, was nicht erwünscht ist. Wenn sich der Teig nicht auseinanderziehen lässt, lassen Sie ihn abgedeckt mindestens 10 - 15 Minuten ruhen. In dieser Zeit entspannt sich das Gluten und Sie können ihn dann leichter auseinanderziehen.

Belegen Sie die Pizza nicht zu üppig, damit sie gut und schnell backt. Der Teig bleibt dann knusprig und der Belag saftig.

Beim Backen selbst ist es wichtig, die Pizza bei der höchstmöglichen Temperatur im vorgeheizten Backofen zu backen. Ich selbst stelle Ober- und Unterhitze und 275 Grad ein. Meiner Erfahrung nach wird sie auf einem PizzaSteel am besten, auf dem sie bereits nach 10 - 12 Minuten fertig ist. Sie können auch eine Schamotteplatte oder ein umgedrehtes gewöhnliches Backblech verwenden, das sie mit dem Backofen zusammen vorheizen. Dann können Sie die Pizza einfach mit Backpapier aufschieben.

HERSTELLUNG EINES PLUNDERTEIGS

Plunderteig benötigen Sie für Croissants und dänisches Plundergebäck.

CROISSANTS UND DÄNISCHES PLUNDERGEBÄCK

Stellen Sie einen Teig her wie auf S. 246 oder S. 242 angegeben. Vor dem Ausrollen sollte der Teig auf Zimmertemperatur aufgewärmt werden, was etwa 45 Minuten dauert (21 Grad). Bereiten Sie in der Zwischenzeit ein Butterquadrat mit einer Seitenlänge von 20 cm vor. Der Teig und das Butterquadrat sollten in etwa die gleiche Temperatur haben. Die Butter sollte knetbar, aber nicht zu weich sein, anderenfalls legen Sie sie für fünf Minuten ins Gefrierfach. Rollen Sie den Teig auf einer leicht bemehlten Oberfläche zu einem Quadrat mit etwa 30 cm Seitenlänge aus, das größer ist als das Butterquadrat, so dass Sie Letzteres darin einwickeln können. Den Teig gut verdichten, damit die Butter nicht entweichen kann.

Anita Šumer
– The quest for –
SOURDOUGH

Für Croissants falten Sie ihn drei Mal in Briefform oder ein Mal in Briefform und ein Mal in Buchform, für dänisches Plundergebäck drei Mal in Briefform. Wickeln Sie nach jedem Falten den Teig in Frischhaltefolie und legen Sie ihn für 30 Minuten in den Kühlschrank. Wenn Sie ihn aus dem Kühlschrank nehmen, drehen Sie ihn vor dem Ausrollen um 90 Grad, so dass der Rand, an dem der Teig zusammengelegt ist, zu Ihnen hinzeigt. Rollen Sie ihn erneut zu einem Rechteck mit einer Länge von 60 cm aus. Nach dem letzten Falten wickeln Sie den Teig erneut in Frischhaltefolie und bewahren ihn bis zum folgenden Tag im Kühlschrank auf.

Faltungen in Briefform

Rollen Sie das Quadrat zu einem Rechteck mit einer Länge von 60 cm aus. Falten Sie den oberen Teil des Rechtecks um zwei Drittel auf sich zu und falten Sie dann den unteren Teil über den oberen.

Anita Šumer

Anita Šumer
– The quest for –
SOURDOUGH
Anita Šumer
– The quest for –
SOURDOUGH

Anita Šumer
– The quest for –
SOURDOUGH

Faltungen in Buchform

Falten Sie den oberen Teil des Rechtecks zur Hälfte um, ebenso den unteren Teil. Falten Sie dann den unteren Teil über den oberen. Wenn die Ränder nicht eben sind, können Sie sie abschneiden und erneut abdichten.

Wirken von Croissants

Für Croissants rollen Sie den Teig am nächsten Tag zu einem Rechteck mit 0,4 cm Stärke, 20 cm Breite und 110 cm Länge aus. Falls sich der Teig nicht richtig ausrollen lässt, decken Sie ihn ab und lassen ihn etwa 10 Minuten ruhen. Schneiden Sie ihn zu Dreiecken und wickeln Sie diese zu Hörnchen. Beim Wickeln können Sie die dünnen Enden der Dreiecke ein wenig auseinanderziehen, ehe Sie die Hörnchen formen. Legen Sie sie auf ein Tablett und bestreichen Sie sie mit rohem Ei. Decken Sie sie mit einer Folie ab und lassen Sie sie aufgehen, bis sie doppelt so groß sind. Bestreichen Sie sie vor dem Backen erneut.

Anita Šumer
– The quest for –
SOURDOUGH

Wirken von dänischem Plundergebäck

Für dänisches Plundergebäck rollen Sie den Teig am nächsten Tag zu einem Rechteck mit 0,4 cm Stärke, 20 cm Breite und 110 cm Länge aus. Schneiden Sie die Ränder ab, schneiden Sie den Teig in Quadrate und stellen Sie verschiedene Formen her.

DARAN SOLLTEN SIE DENKEN, BEVOR SIE BEGINNEN

ZUBEREITUNG VON SAUERTEIG

- Füttern Sie das Anstellgut immer mit derselben Mehlsorte.
- Sie brauchen nicht mehrere verschiedene Exemplare von Anstellgut, eines ist genug.
- Das Anstellgut sollte vor der Verwendung immer locker und voller Bläschen sein und gut nach Joghurt duften. Nach dem letzten Füttern muss es sich verdoppeln.

AUS DIESEM MEHL WIRD BROT

- Mischen Sie nicht zu viele verschiedene Mehlsorten. Beginnen Sie mit weißem Weizenmehl oder Roggenmehl.
- Geben Sie das Wasser immer schrittweise hinzu.

DIE EINZELNEN SCHRITTE DES BACKENS

- Beobachten Sie den Teig, anstatt auf die Uhr zu sehen. Setzen Sie beim Backen mit Sauerteig alle Sinne ein.
- Wenn Sie nicht genügend Zeit haben, können Sie alle Zutaten (Mehl, Wasser, Salz und Sauerteig) gleichzeitig vermischen, gut durchkneten und das Dehnen und Falten einfach auslassen.

4 SAUERTEIGREZEPTE

5 ERSTE HILFE FÜR DEN SAUERTEIG

6 BACKZEITPLAN

SAUERTEIGREZEPTE

- Bereiten Sie ein Rezept mehrmals zu. Wenn Sie es beherrschen, können Sie sich an das nächste wagen. Roggenbrot ist ein guter Einstieg in das Backen mit Sauerteig, auch Weißbrot eignet sich gut.
- Sie müssen sich nicht streng an die Rezepte halten. Sie können auch weniger/mehr Sauerteig hinzugeben.
- Mit der Menge des zugegebenen Sauerteigs können Sie die Aufgehgeschwindigkeit steuern. Auch die Temperatur des Raums und der Zutaten wirkt sich darauf aus, wie schnell der Teig aufgeht. Je höher sie ist, desto schneller gärt der Teig.
- Zwischen Kneten und Backen sollten mindestens 15 Stunden vergehen. Der Teig muss in diesem Fall auch einige Zeit in den Kühlschrank.

SAUERTEIGREZEPTE BACKZEITPLAN

- Der Sauerteig muss nicht jeden Tag gefüttert werden. Wenn Sie ihn nicht verwenden, füttern Sie ihn, lassen ihn eine Stunde stehen und bewahren ihn dann im Kühlschrank auf. Dort wartet er mindestens eine Woche auf Sie.
- Das Backen mit Sauerteig lässt sich hervorragend in den Alltagsrhythmus integrieren. Dabei kann Ihnen der Zeitplan auf S. 301 helfen.

ERSTE HILFE FÜR DEN SAUERTEIG

- Wenn Ihr Sauerteig zu sauer wird, nehmen Sie 5 g Sauerteig und geben ihn in ein anderes, sauberes Glas, gießen 15 g Wasser dazu und geben 20g Mehl hinzu. Warten Sie, bis sich der Sauerteig verdoppelt. Wiederholen Sie den Vorgang bei Bedarf.
- Die Antworten auf viele Fragen finden Sie im Kapitel „Erste Hilfe für den Sauerteig" auf S. 280.

UND DER WICHTIGSTE RATSCHLAG:

Backen Sie mit Genuss und Freude, denn was Sie investieren, erhalten Sie reichhaltig und duftend zurück.

Sauerteig-
rezepte

Ich habe meine Lieblingsrezepte ausgewählt. Die meisten enthalten auch Tipps für weitere schmackhafte Kombinationen.

Alle Mengenangaben für Wasser und andere Flüssigkeiten sind nur annähernd angegeben. Machen Sie sich daher mit dem Mehl vertraut, mit dem Sie backen, und passen Sie die Mengen von Wasser oder anderen Flüssigkeiten bei Bedarf an. Beginnen Sie bei den Rezepten für Brot und Brotbackwaren immer mit weniger Wasser (5 oder mehr Prozent weniger), die Differenz können Sie dann nach der Autolyse und beim zweiten Mischen immer noch hinzufügen. Wenn Sie anstelle des Sauerteig-Zwischenschritts Ihr Anstellgut direkt mit 100-prozentiger Hydration verwenden, verringern Sie ebenfalls die Wassermenge im Hauptteig (etwa 5 Prozent weniger). Alle Rezepte, in denen nichts anderes angegeben ist, können Sie nach dem Grundverfahren ausführen, das auf S. 90–S. 128 beschrieben ist.

Vielleicht helfen Ihnen auch ungefähre Mengenangaben: 1 gehäufter Esslöffel Mehl wiegt etwa 20 g, 1 Esslöffel Wasser etwa 10 g, 1 gestrichener Teelöffel Salz etwa 4–5 g. Dennoch ist die Verwendung einer Digitalwaage überaus empfehlenswert. Da auch Backöfen unterschiedlich sind und nicht alle gleich backen, sind nur Rahmenzeiten angegeben.

Ich wünsche Ihnen viel Spaß beim Ausprobieren der Rezepte und beim Genießen der gebackenen Köstlichkeiten. Zeit spielt beim Backen mit Sauerteig eine wichtige Rolle, backen Sie daher in Ruhe. Der Teig wird für Sie arbeiten – und Sie beobachten ihn einfach, betasten ihn mit den Fingern, riechen an ihm, vergessen die Uhr und sind einfach geduldig. Wenn es Ihnen beim ersten Mal nicht gelingt, wiederholen Sie die Übung und machen sich während der Arbeit Notizen. Führen Sie ein Rezept mehrmals aus, bis es Ihnen gelingt. Wenn Sie dann im Laufe der Zeit die Rezepte abändern, ändern Sie zuerst immer nur ein Element. Natürlich gilt auch bei dieser Art zu backen, dass Übung den Meister macht!

– The quest for –
SOURDOUGH
Anita Šumer

Brot und Brotback-waren

100 %IGES ROGGENBROT IN DER BACKFORM

Roggenbrot ist kein Schreckgespenst, sondern beinahe das einfachste Brot für den Anfang und die Einführung in das Backen mit Sauerteig. Es muss nicht geknetet werden und lässt sich recht schnell vorbereiten. Dennoch gibt es einen kleinen Haken: Man muss mindestens 12 Stunden warten, besser 24 Stunden, bis es gut abgekühlt ist, die Krume fest ist und sich der Geschmack voll entwickelt hat – aber ich verspreche Ihnen, dass es sich lohnt.

SAUERTEIG:

10 g aktives Anstellgut (3 %)
35 g Roggenmehl (10 %)
35 g Wasser (10 %)
Die Zutaten mischen, abdecken und warten, bis sich das Volumen verdoppelt hat.

HAUPTTEIG:

(für eine 22-Zentimeter-Backform mit 10,5 cm Breite und 7 cm Tiefe)
350 g Roggenmehl (100 %)
330 g Wasser (95 %)
7 g Salz (2 %)

Mehl und Wasser mit einem Spachtel oder einem Kochlöffel zu einer Masse vermischen, die sehr weichem Ton ähnelt. 20 Minuten ruhen lassen, dann den verdoppelten Sauerteig und das Salz hinzugeben. Das Ganze sehr gut durchmischen. Abdecken, nach 20 Minuten erneut gut durchmischen. Die Backform mit Butter oder Öl bestreichen und das Gemisch mit einem Spachtel in die Form füllen. Ausgiebig mit Roggenmehl bestreuen. Die Backform in den ersten zwei Stunden nicht abdecken. Dann mit einem Leinen- beziehungsweise Baumwolltuch abdecken, damit der Teig nicht austrocknet. So lange aufgehen lassen, bis sich die Teigmenge verdoppelt hat und die Oberfläche schön rissig ist. Nach der Anleitung auf S. 123–128 backen. Nach 15 Minuten die Temperatur auf 200 Grad verringern und noch etwa 40–50 Minuten backen (bei einem Brot von 800 g).

Tipp

Behelfen Sie sich beim Verteilen des Gemischs in der Backform mit feuchten Fingern. So Ihnen der Roggenteig nicht an den Fingern kleben. Auch den Spachtel können Sie anfeuchten. Bei Roggenmehl arbeitet der Sauerteig anfangs nur langsam, dann verdoppelt sich das Gemisch aber ziemlich schnell. Beobachten Sie daher den Teig. Sie können auch 10–20 Prozent über Nacht eingeweichte Roggenkörner oder Samen hinzugeben.

100 %IGES ROGGENBROT IM LAIB

Nun haben Sie die Arbeit mit Roggenmehl schon ein wenig kennengelernt. Versuchen Sie sich also an einem richtigen Roggenlaib! Es ist nicht schwierig, dieses Mal benötigen Sie jedoch zum Formen auch Hände und Arbeitsfläche. Die Zutaten sind fast die gleichen wie bei seinem weicheren Bruder, es wird jedoch etwas weniger Wasser verwendet.

SAUERTEIG:

10 g aktives Anstellgut (2,5 %)
40 g Roggenmehl (10 %)
50 g Wasser (12,5 %)
Die Zutaten mischen, abdecken und warten, bis sich das Volumen verdoppelt hat.

HAUPTTEIG:

400 g Roggenmehl (100 %)
300 g Wasser (75 %)
8 g Salz (2 %)

Mehl und 280 g Wasser mit einem Spachtel oder einem Kochlöffel zu einer bröckeligen Masse vermischen. Das Ganze 20 Minuten ruhen lassen, dann den verdoppelten Sauerteig, 20 g Wasser und das Salz hinzugeben. Alles sehr gut durchmischen, so dass sich alle Zutaten gut miteinander verbinden und im Teig verteilen. Danach abgedeckt 20 Minuten ruhen lassen. Den Teig dann erneut gut durchmischen oder kneten. Die Arbeitsfläche ausgiebig mit Roggenmehl bestreuen und dann den Roggenteig darauf geben. Die Hände gut mit Mehl bestäuben und durch Falten einen kleinen Laib formen. Diesen in Roggenmehl wälzen und ihn in einen bemehlten Korb oder einfach auf ein Tablett legen, das mache ich auch selbst meistens so. Viel Roggenmehl auf die Oberseite streuen. Den Laib die ersten eineinhalb Stunden lang nicht abdecken, wenn er auf einem Tablett liegt. Dann mit einer tiefen Backform abdecken, damit er nicht austrocknet. Wenn er sich in einem Korb befindet, mit einer Duschhaube, einem Leintuch oder Frischhaltefolie abdecken. So lange aufgehen lassen, bis sich das Volumen verdoppelt hat und die Oberfläche schön rissig ist. Nach der Anleitung auf S. 123–S. 128 backen. Nach 15 Minuten die Temperatur auf 200 Grad verringern und noch etwa 40 - 50 Minuten backen (bei einem Brot von 800 g).

Tipp

In Roggenbrot machen sich häufig auch Kümmel, Koriander und Anis sehr gut. Diese können Sie gleichzeitig mit dem Sauerteigansatz und dem Salz hinzugeben. Die Gewürze machen den Geschmack noch kräftiger. Die empfohlene Menge beträgt etwa 1 - 2 Prozent, je nach Geschmack.

BROT BACKEN IM HANDUMDREHEN

Dieses Brot aus Mehl Type 812 wird nach einem besonderen Prinzip zubereitet, und zwar aus einem Teil aktiven Anstellguts, zwei Teilen Wasser und drei Teilen Mehl. Sie können es auch für Kombinationen mit anderen Mehlsorten verwenden (am besten verhält es sich mit Weizenmehl Type 405, 550 oder 812, bei Dinkel verringern Sie die Wassermenge um zehn Prozent, bei Roggen- und Vollkornmehl steigern Sie sie um etwa fünf Prozent). Aufgrund der größeren Menge an Anstellgut wird es auch früher aufgehen.

100 g aktives Anstellgut (33 %)
200 g Wasser (66 %)
300 g Weizenmehl Type 812 (100 %)
6 g Salz (2 %)

Mehl und Wasser zu einer homogenen Masse vermischen. Diese mindestens 20 Minuten ruhen lassen, dann Anstellgut und Salz hinzugeben. Alles gut durchkneten, damit sich alle Zutaten zu einem Teig verbinden. Zwei oder drei Mal für je zwei oder drei Minuten durchkneten. In den folgenden zwei Stunden alle 20 - 30 Minuten mindestens vier Mal dehnen und falten (siehe S. 101).

Warten, bis sich der Teig in etwa verdoppelt hat. Einen Laib vorwirken, auf dem Pult ruhen lassen. Dann dem Laib seine endgültige Form geben und ihn in einen mehlbestäubten Gärkorb legen (siehe S. 104 - S. 110). Wenn sich das Volumen in etwa verdoppelt hat, im vorgeheizten Backofen backen. Die Anleitung für das Backen finden Sie auf S. 123 - 128.

WEISSBROT

Wie schon mehrfach erwähnt, ist es am einfachsten, das Backen mit Weizenmehl Type 550 zu beginnen, da es gute Eiweiße hat, die Gluten bilden. Legen Sie also beherzt los und kneten Sie Ihr Weißbrot.

SAUERTEIG:

10 g aktives Anstellgut (2 %)
50 g Weizenmehl Type 550 (10 %)
40 g Wasser (8 %)

Die Zutaten mischen, abdecken und warten, bis sich das Volumen verdoppelt hat.

HAUPTTEIG:

500 g Weizenmehl Type 550 (100 %)
325 g Wasser (65 %)
10 g Salz (2 %)

Mehl und Wasser zu einer homogenen Masse vermischen, abgedeckt mindestens 20 Minuten ruhen lassen und dann den Sauerteig und das Salz hinzugeben. Alles gut durchkneten, damit sich die Zutaten zu einem Teig verbinden. Zwei oder drei Mal für je zwei oder drei Minuten durchkneten. In den folgenden zwei Stunden alle 20 - 30 Minuten mindestens vier Mal dehnen und falten (siehe S. 101). Dann gemäß den Anweisungen auf S. 102 - S. 128 gehen lassen, formen und backen.

Tipp

Zu diesem Teig können Sie eingeweichte Samen hinzugeben (bis zu 15 Prozent, je nach Mehlgewicht). Verringern Sie dabei die Wassermenge um die Menge, in der Sie die Samen einweichen. Wenn der Teig zu trocken wird, können Sie noch Wasser hinzugeben. Die Anleitung für das Hinzufügen von Samen finden Sie auf S. 85.

WEICHER TOAST FÜR DAS SONNTAGSFRÜHSTÜCK

Der Duft frischen Brots am frühen Morgen lockt alle Schläfer aus dem Bett, und dieses mit Sicherheit noch früher! Die Zubereitung erfordert zwar ein wenig Handgymnastik, die das Brot jedoch mit seiner Weichheit belohnt.

SAUERTEIG:

10 g aktives Anstellgut (2,5 %)
40 g Weizenmehl Type 550 (10 %)
30 g Wasser (7,5 %)

Die Zutaten mischen, abdecken und warten, bis sich ihr Volumen verdoppelt hat.

HAUPTTEIG:

(für eine 22-Zentimeter-Backform mit 10,5 cm Breite und 7 cm Tiefe)

400 g Weizenmehl Type 550 (100 %)
280 g Milch (70 %)
20 g brauner Zucker (5 %)
8 g Salz (2 %)
20 g Butter mit Raumtemperatur (5 %)

ZUM BESTREICHEN:

1 Esslöffel Milch
1 Esslöffel Sahne

Zunächst das Mehl mit 260 g Milch mischen und die Mischung abgedeckt mindestens 20 Minuten ruhen lassen. Dann Salz und Zucker, aufgelöst in 20 g Milch, sowie den Sauerteig hinzugeben. Alles gut durchkneten, damit sich alle Zutaten zu einem homogenen Teig verbinden. Mindestens fünf Minuten kneten.

Der Teig sollte abgedeckt 20 Minuten ruhen. Danach schrittweise Butter in den Teig einarbeiten, das geht auf der Arbeitsfläche am einfachsten. Den Teig nach dem Hinzufügen der Butter erneut fünf Minuten lang gut durchkneten. Man kann ihn dazu auch auf die Arbeitsfläche schlagen und falten. Danach sollte der Teig wieder 15 Minuten ruhen. Wiederum mindestens fünf Minuten gut durchkneten.

Abgedeckt aufgehen lassen, bis er ungefähr um die Hälfte anwächst. Dann auf eine leicht eingefettete Arbeitsfläche stürzen und große Blasen teilweise mit der Hand entfernen, um gleichmäßige und kleine Poren zu erhalten. Zu einer festen Wurst wickeln.

Diese Teigstange in eine eingefettete, schmale Backform legen. Mit Frischhaltefolie abdecken und erneut aufgehen lassen, bis sich ihr Volumen verdoppelt hat. Vor dem Backen mit einer Mischung aus Sahne und Milch bestreichen und die ersten 15 Minuten mit Dampf im vorgeheizten Ofen bei 200 Grad backen. Danach noch so lange backen, bis die Kruste gleichmäßig braun ist, bei mir sind das für gewöhnlich noch 35 - 40 Minuten.

Das Brot nach dem Backen mit Butter bestreichen, damit die Kruste schön weich wird.

Tipp

Für veganen Toast nehmen Sie statt Kuhmilch ein anderes Getränk. Statt Butter können Sie Olivenöl verwenden und die Milchmenge um die Menge des verwendeten Öls reduzieren (um 20 g). Entscheidend für eine weiche Krume ist das lange Kneten.

Meine Notizen

MISCHBROT MIT EIN WENIG ROGGEN FÜR EINEN BESSEREN DUFT

SAUERTEIG:

10 g aktives Anstellgut (2 %)
40 g Weizenmehl Type 812 (8 %)
10 g Roggenmehl (2 %)
40 g Wasser (8 %)

Die Zutaten mischen, abdecken und warten, bis sich ihr Volumen verdoppelt hat.

HAUPTTEIG:

100 g Roggenmehl (20 %)
400 g Weizenmehl Type 812 (80 %)
360 g Wasser (72 %)
10 g Salz (2 %)

Mehl und Wasser zu einer homogenen Masse vermischen, abgedeckt mindestens 20 Minuten ruhen lassen und dann den Sauerteig und das Salz hinzugeben. Alles gut durchkneten, damit sich die Zutaten zu einem Teig verbinden. Nach kurzem Ruhen zwei oder drei Mal für je zwei oder drei Minuten durchkneten. In den folgenden zwei Stunden alle 20 - 30 Minuten mindestens vier Mal dehnen und falten (siehe S. 101). Dann gemäß den Anweisungen auf S. 102 - S. 128 gehen lassen, formen und backen.

EINKORN UND DINKEL

SAUERTEIG:

20 g aktives Anstellgut (5 %)
55 g Wasser (14 %)
30 g Einkornmehl (7,5 %)
30 g weißes Dinkelmehl (7,5 %)

Die Zutaten mischen, abdecken und warten, bis sich ihr Volumen verdoppelt hat.

HAUPTTEIG:

(für eine 22-Zentimeter-Backform mit 10,5 cm Breite und 7 cm Tiefe)

200 g Einkornmehl (50 %)
200 g weißes Dinkelmehl (50 %)
250 g Wasser (62,5 %)
Olivenöl

200 g Einkornmehl und 200 g Wasser mischen und eine halbe Stunde ruhen lassen. Dann 200 g weißes Dinkelmehl und weitere 50 g Wasser hinzugeben. Nach 20 Minuten den gesamten Sauerteig und 8 g Salz hinzufügen. Alles gut durchkneten und innerhalb von zwei Stunden drei Mal dehnen und falten. Sanft anteigen, nicht zu heftig. Der Teig sollte um die Hälfte aufgehen. Die Arbeitsfläche mit zwei Esslöffeln Olivenöl einölen, die Masse darauf geben und zu einer Wurst rollen. Diese in eine eingefettete Backform geben, wo sie aufgehen und ihr Volumen verdoppeln sollte.

Das Ganze im vorgeheizten Backofen bei 240 Grad für 15 Minuten mit Dampf backen, dann den Dampf entfernen und noch weitere 40 - 45 Minuten backen.

GELBES MAISBROT

SAUERTEIG:

20 g aktives Anstellgut (3,6 %)
60 g Weizenmehl Type 550 (11 %)
40 g Wasser (7,3 %)

Die Zutaten mischen, abdecken und warten, bis sich ihr Volumen verdoppelt hat.

HAUPTTEIG:

150 g Maismehl (27 %)
400 g Weizenmehl Type 550 (73 %)
50 g Maisgrieß (9 %)
580 g Wasser (105 %)
12 g Salz (2 %)
Maisgrieß zum Wälzen

Maismehl und Maisgrieß trocken rösten, bis sie duften, mit 400 g kochendem Wasser übergießen und alles schnell und gut zu einer dichten Masse vermengen. Wenn die Masse gut abgekühlt ist, 400 g Weizenmehl Type 550 hinzugeben, gut durchmischen, dann schrittweise 120 g Wasser hinzufügen, durchkneten und schrittweise weitere 60 g Wasser hinzugeben. Falls der Teig zu schmierig ist, kein Wasser mehr hinzugeben. Zu einem homogenen Teig kneten. Nach 20 Minuten 120 g Sauerteig und 12 g Salz hinzugeben und durchkneten. Nach einer kurzen Ruhezeit zwei Mal jeweils zwei Minuten durchkneten. In den folgenden zwei Stunden alle 20 - 30 Minuten vier Mal dehnen und falten. Dann gemäß den Anweisungen auf S. 102 - S. 128 gehen lassen, formen und backen.

Tipp

Erschrecken Sie nicht über die Struktur des Teigs. Es ist völlig normal, dass er etwas klebrig ist und wegen des gebrühten Maismehls und Maisgrießes an den Händen haften bleibt. Der Teig wird mit der Zeit geschmeidiger und lässt sich dann leichter formen. Vor dem Formen können Sie ihn für eine Stunde in den Kühlschrank stellen. Wenn Sie eine weichere Krume möchten, können Sie die Hälfte des Wassers durch Milch ersetzen.

100 %IGES GRIESSBROT

Die schmackhafte gelbe Krume wird Sie auch dann begeistern, wenn die Sonne nicht scheint.

SAUERTEIG:

25 g aktives Anstellgut (5 %)
80 g Hartweizenmehl (16 %)
70 g Wasser (14 %)

Die Zutaten mischen, abdecken und warten, bis sich ihr Volumen verdoppelt hat.

HAUPTTEIG:

500 g Hartweizenmehl (100 %; wenn Sie eine Mühle haben, mahlen Sie es noch einmal durch)
350 g Wasser (70 %)
10 g Salz (2 %)

Mehl und Wasser zu einer homogenen Masse mischen, abgedeckt acht Stunden ruhen lassen beziehungsweise über Nacht in den Kühlschrank stellen. Dann den Sauerteigansatz und das Salz hinzugeben und den Teig kneten. Nach kurzem Ruhen zwei oder drei Mal für je zwei oder drei Minuten durchkneten. In den nächsten zwei Stunden alle 20 - 30 Minuten fünf Mal dehnen und falten. Beim ersten und zweiten Mal Dehnen und Falten noch jeweils 10 g Wasser (1,6 %) hinzugeben. Dann gemäß den Anweisungen auf S. 102 - S. 128 gehen lassen, formen und backen. Die kalte Stückgare sollte im Kühlschrank erfolgen.

DUNKELBIERBROT

SAUERTEIG:

10 g aktives Anstellgut (2 %)
50 g Weizenmehl Type 812 (10 %)
40 g Wasser (8 %)

Die Zutaten mischen, abdecken und warten, bis sich ihr Volumen verdoppelt hat.

HAUPTTEIG:

500 g Weizenmehl Type 812 (100 %)
340 g dunkles Stout-Bier (68 %; ich habe Oyster Stout verwendet)
10 g Salz (2 %)

In das Gefäß mit dem Mehl langsam das Bier hinzugeben und zu einer homogenen Masse vermischen. Eineinhalb Stunden abgedeckt stehen lassen, dann den Sauerteigansatz und Salz hinzugeben und gut zu einem Teig verkneten. Nach kurzem Ruhen zwei oder drei Mal für je zwei oder drei Minuten durchkneten. Man kann ihn dazu auch auf die Arbeitsfläche schlagen und falten. In den nächsten zwei Stunden fünf Mal dehnen und falten. Dann gemäß den Anweisungen auf S. 102 - S. 128 gehen lassen, formen und backen. Die kalte Stückgare erfolgt im Kühlschrank.

Tipp

Wenn Sie das Brot nicht direkt aus dem Kühlschrank heraus backen, stellen Sie es vor dem Backen mindestens für eine Stunde in den Kühlschrank, damit es ein wenig fest wird.

SAUERTEIGPIZZA

Wenn Sie noch nie Pizza mit Sauerteig gegessen haben, kann ich Ihnen verraten, dass es keine bessere gibt! Eine knusprige Kruste, eine weiche, porige Krume, nach Maß belegt, duftend und köstlich - also wie alles mit Sauerteig, oder?

SAUERTEIG:

10 g aktives Anstellgut (2 %)
50 g Weizenmehl Type 812 (10 %)
40 g Wasser (8 %)

Die Zutaten mischen, abdecken und warten, bis sich ihr Volumen verdoppelt hat.

HAUPTTEIG:

(für etwa 2-3 Pizzen)
420 g Weizenmehl Type 550 (84 %)
40 g Weizenmehl Type 812 (8 %)
40 g Vollkornweizenmehl (8 %)
330 g Wasser (66 %)
10 g Salz (2 %)

Die gesamte Mehlmenge und 300 g Wasser (60 %) zu einer homogenen Masse vermengen und abdecken. Nach einer Stunde 30 g Wasser, 10 g Salz und 100 g Sauerteig hinzugeben und gut einarbeiten. Ich selbst bereite diesen Teig für gewöhnlich mittwochs abends vor, wenn ich am Samstag Pizza essen möchte, und stelle ihn über Nacht in den Kühlschrank (ohne Dehnen und Falten). Am nächsten Morgen warte ich, bis der Teig sich auf Raumtemperatur aufgewärmt hat, und dehne und falte ihn innerhalb von zwei Stunden vier Mal, lasse ihn noch zwei bis drei Stunden draußen und stelle den Teig dann bis Freitagnachmittag in den Kühlschrank, um ihn erneut für drei Stunden aus dem Kühlschrank zu nehmen. Dann stelle ich ihn bis Samstagmorgen wieder in den Kühlschrank. Der Teig muss schöne Bläschen haben, bevor er verwendet werden kann. Natürlich kann man dieses Verfahren auch an nur ein oder zwei Tagen durchführen, aber der Geschmack wird vermutlich anders sein. Weitere Informationen finden Sie auf S. 144.

Tipp

Passen Sie den Zeitplan für das Backen an Ihre Bedürfnisse an. Sie können den Teig zum Beispiel zum ersten Mal aus dem Kühlschrank nehmen, wenn Sie von der Arbeit nach Hause kommen, ihn ein paar Mal dehnen und falten, ihn zwei bis drei Stunden stehen lassen und dann wieder in den Kühlschrank stellen. Die Pizza wird noch schmackhafter, wenn Sie Quark oder Ricotta in den Rand wickeln. Der Teig wartet im Kühlschrank auch einige Zeit auf Sie.

FOCACCIA AUS HARTWEIZEN MIT ROSMARIN UND KNOBLAUCH

SAUERTEIG:

50 g aktives Anstellgut (10 %)
50 g Wasser (10 %)
50 g Hartweizenmehl (10 %)

Die Zutaten mischen, abdecken und warten, bis sich ihr Volumen verdoppelt hat.

HAUPTTEIG:

500 g Hartweizenmehl (100 %)
375 g Wasser (75 %)
10 g Salz (2 %)
Olivenöl, Rosmarin, Knoblauch nach Geschmack und Kräuter

Mehl und Wasser zu einer homogenen Masse mischen und über Nacht oder mindestens acht Stunden in den Kühlschrank stellen. Morgens den Ansatz und 10 g Salz (2 %) hinzugeben, dann gut zu einem Teig verkneten. Nach kurzem Ruhen zwei oder drei Mal für je zwei oder drei Minuten durchkneten. In den folgenden zwei Stunden alle 20 - 30 Minuten mindestens fünf Mal dehnen und falten. Den Teig gehen lassen, bis sich das Volumen verdoppelt hat. Dann in eine Backform füllen, mit den Fingern Vertiefungen schaffen. Diese mit Olivenöl füllen, Rosmarin und gehackten Knoblauch auf der Oberfläche verteilen und aufgehen lassen, bis sich das Volumen verdoppelt hat. Bei 230 Grad ohne Dampf für etwa 20 - 30 Minuten backen, bis die Oberfläche zartbraun ist.

Tipp

Sie können auch Mehl Type 812 oder Type 550 verwenden oder auch bis zur Hälfte Vollkornmehl und andere Kombinationen von Gewürzen, Kräutern, Kirschtomaten, Käse, getrocknete Tomaten usw. oder das Brot mit Speckgrieben belegen.

BUCHWEIZENBROT MIT NÜSSEN

Buchweizen und Nüsse, eine klassische Kombination, durch die dieses Brot schon fast eine Süßspeise wird.

SAUERTEIG:

10 g aktives Anstellgut (2 %)
45 g Weizenmehl Type 550 (9 %)
45 g Wasser (9 %)

Die Zutaten mischen, abdecken und warten, bis sich ihr Volumen verdoppelt hat.

HAUPTTEIG:

100 g Buchweizenmehl (20 %)
400 g Weizenmehl Type 550 (80 %)
450 g Wasser (90 %)
10 g Salz (2 %)
100 g geröstete, abgekühlte und gehackte Nüsse (20 %)

Das Buchweizenmehl trocken in einem Topf rösten, bis es duftet, vom Herd nehmen, mit 200 g kochendem Wasser überbrühen und gut durchmischen. Das Gemisch in ein Gefäß geben, in dem der Teig geknetet werden kann, ein wenig abkühlen lassen. 150 g Wasser hinzugießen und erneut durchmischen, damit sich die Klümpchen auflösen. Weizenmehl hinzugeben und mit den Händen kneten. Schrittweise noch den Rest Wasser hinzugießen. Wenn der Teig zu flüssig zu sein scheint, kein Wasser mehr dazugeben. Der Teig wird weich, ein wenig klebrig, aber dennoch knetbar. Er sollte abgedeckt mindestens 30 Minuten ruhen. Dann den Sauerteig und das Salz hinzugeben und den Teig kneten, bis er schön homogen wird. Nach kurzem Ruhen zwei Mal für jeweils zwei Minuten kneten. In den folgenden zwei Stunden vier Mal dehnen und falten, beim dritten Mal die Nüsse zugeben. Dann kann der Teig über Nacht in den Kühlschrank gestellt werden oder man lässt ihn um 60 – 70 Prozent aufgehen. Bei der endgültigen Formung des Laibs den Teig in Buchweizenmehl wälzen und abgedeckt im Korb aufgehen lassen. Dann gemäß den Anweisungen auf S. 69 – S. 80 gehen lassen und backen.

Tipp

Wenn Sie einen stärkeren Buchweizengeschmack wünschen, nehmen Sie höchstens ein Drittel Buchweizenmehl. In diesem Fall erhöhen Sie die Wassermenge nach Bedarf. Die Hälfte des Wassers kann auch durch Milch ersetzt werden.

CIABATTA

Ein traditionelles italienisches Brot mit poriger Krume, seine Form erinnert an einen Pantoffel (it. *ciabatta*).

SAUERTEIG:

10 g Anstellgut (2,5 %)
25 g Weizenmehl Type 550 (6 %)
25 g Wasser (6 %)

Die Zutaten mischen, abdecken und warten, bis sich ihr Volumen verdoppelt hat.

HAUPTTEIG:

350 g Weizenmehl Type 550 (87 %)
50 g Weizenmehl des Typs Manitoba (13 %)
300 g Wasser (75 %)
8 g Salz (2 %)
10 g Olivenöl (2,5 %)

Beide Mehltypen vermischen und dann schrittweise Wasser hinzugeben, zunächst 260 g. Wenn das Mehl alles aufgesogen hat, noch einmal 20 g hinzugeben. Den Teig abdecken und mindestens 30 Minuten ruhen lassen. Den Sauerteig und Salz sowie 10 g Wasser untermischen und kneten. Beim nächsten Kneten wieder langsam 10 g Wasser hinzugeben. Zehn Minuten ruhen lassen, dann den Teig durch Fassen und Dehnen gut durchkneten. Jetzt ist auch der richtige Zeitpunkt, das Olivenöl hinzuzugeben, da das Gluten bereits gut entwickelt ist. In den folgenden zwei oder drei Stunden den Teig gehen lassen und vier Mal dehnen und falten. Dann den Teig für mindestens acht Stunden in den Kühlschrank stellen. Vor dem Wirken sollte er sein Volumen mindestens verdoppeln und voller Bläschen sein. Den Teig umdrehen und auf einer bemehlten Oberfläche zu vier kleinen Kissen oder zwei größeren Formen schneiden. Beim Wirken darauf achten, dass die Bläschen im Teig erhalten bleiben. Die Ränder der geschnittenen Stücke unter den Teig falten. Erneut aufgehen lassen, bis das Brot schön anwächst und fluffig wird. Nach der Anleitung auf S. 123 - S. 128 backen.

VOLLKORNBROT

SAUERTEIG:

10 g aktives Anstellgut (2 %)
25 g Vollkorndinkelmehl (5 %)
25 g Weizenmehl Type 550 (5 %)
40 g Wasser (8 %)

Die Zutaten mischen, abdecken und warten, bis sich ihr Volumen verdoppelt hat.

HAUPTTEIG:

250 g Vollkorndinkelmehl (50 %)
250 g Weizenmehl Type 550 (50 %)
350 g Wasser (70 %)
10 g Salz (2 %)

Das gesamte Dinkelmehl mit 250 g Wasser zu einer homogenen Masse vermengen, abgedeckt 30 Minuten ruhen lassen. Dann das Weizenmehl und schrittweise 80 g Wasser hinzugeben. Vermischen und sanft kneten, erneut 20 Minuten ruhen lassen. Dann den Sauerteig und Salz und schrittweise weitere 20 g Wasser hinzugeben und durchkneten. Nach kurzem Ruhen zwei oder drei Mal jeweils drei Minuten kneten. In den nächsten zwei Stunden noch fünf Mal dehnen und falten. Dann gemäß den Anweisungen auf S. 102 – S. 128 gehen lassen, formen und backen. Vor dem Wirken kann der Teig für eine Stunde in den Kühlschrank gestellt werden, damit er sich leichter formen lässt. Nach dem abschließenden Wirken den Korb noch etwa zwei Stunden bei Zimmertemperatur stehen lassen, dann in den Kühlschrank stellen. Den Laib direkt aus dem Kühlschrank in den Ofen stellen, wenn er ausreichend aufgegangen ist.

Tipp

Wenn es das Mehl zulässt, können Sie beim dritten Kneten noch 20 g (4 %) Wasser hinzugeben, das Sie durch leichtes Drücken des Teigs hineinkneten, siehe S. 96. Anstatt Vollkorndinkelmehl können Sie auch Vollkornweizenmehl verwenden. Wenn Sie möchten, können Sie anstelle von weißem Weizenmehl auch weißes Dinkelmehl verwenden, in diesem Fall nehmen Sie um ein Zehntel mehr Wasser.

EINE ANDERE VARIANTE DES 100 %IGEN DINKELBROTS

Die Idee für dieses Brot kam mir, weil der Teig bei ausschließlicher Verwendung von Dinkelmehl auseinanderlief, obwohl ich eine geringere Menge Wasser verwendet hatte. Dieses Rezept gelingt immer.

SAUERTEIG:

10 g aktives Anstellgut (2 %)
25 g Vollkorndinkelmehl (5 %)
25 g weißes Dinkelmehl (5 %)
40 g Wasser (8 %)

Die Zutaten mischen, abdecken und warten, bis sich ihr Volumen verdoppelt hat.

HAUPTTEIG:

250 g Vollkorndinkelmehl (50 %)
250 g weißes Dinkelmehl (50 %)
400 g Wasser (80 %)
15 g Sandwegerich-Hülsen (3 %)
10 g Salz (2 %)

250 g Vollkorndinkelmehl mit 250 g Wasser mischen, 20 Minuten abgedeckt stehen lassen. Währenddessen den Sandwegerich in 80 g Wasser einweichen und durchmischen, damit er aufquillt. Dann den Teig, den Sandwegerich, das weiße Dinkelmehl und 50 g Wasser mischen. Mindestens 20 Minuten stehen lassen. Nach der Autolyse den Sauerteig, 20 g Wasser und Salz hinzugeben. Gut durchkneten. Nach kurzem Ruhen zwei oder drei Mal für je zwei Minuten durchkneten. In den nächsten zwei Stunden noch vier Mal dehnen und falten. Warten, bis sich das Volumen des Teigs verdoppelt hat. Dann gemäß den Anweisungen auf S. 102 - S. 128 gehen lassen, formen und backen.

KNUSPRIGES BAGUETTE

SAUERTEIG:

10 g aktives Anstellgut (2,5 %)
40 g Weizenmehl Type 550 (10 %)
30 g Wasser (7,5 %)

Die Zutaten mischen, abdecken und warten, bis sich ihr Volumen verdoppelt hat.

HAUPTTEIG:

350 g Weizenmehl Type 550 (87 %)
50 g Vollkornweizenmehl (13 %)
260 g Wasser (65 %)
8 g Salz (2 %)

Sämtliches Mehl und Wasser zu einer homogenen Masse vermischen und eine Stunde lang stehen lassen. Dann den Sauerteig mit Salz hinzugeben und gut kneten. Nach kurzem Ruhen zwei oder drei Mal für je zwei oder drei Minuten durchkneten. In den nächsten zwei Stunden fünf Mal dehnen und falten. Den Teig noch eine Stunde abgedeckt auf der Arbeitsfläche ruhen lassen, dann das Gefäß für acht Stunden oder über Nacht in den Kühlschrank stellen. Am nächsten Morgen oder Nachmittag den Teig aus dem Kühlschrank nehmen und warten, bis er sich etwa verdoppelt hat. Das Gefäß mit dem aufgegangenen Teig kann vor dem Formen für etwa eine Stunde in den Kühlschrank gestellt werden, damit sich die Baguettes leichter formen lassen. Drei Baguettes formen, wie auf S. 138 – S. 141 beschrieben, und auf Backpapier, in eine Baguette-Backform oder in die Falten eines bemehlten Tuchs legen (In dem Fall sollte der Teigschluss nach oben zeigen). Abdecken und wieder aufgehen lassen, bis sich die Baguettes fast verdoppeln und schöne Bläschen und Spannung aufweisen. Vor dem Backen einschneiden und im vorgeheizten Ofen bei 250 Grad zehn Minuten mit Dampf backen, danach noch 10-15 Minuten, bis sie braun sind.

Tipp

Warten Sie, bis die Baguettes abgekühlt sind, schneiden Sie sie dann ein, füllen Sie sie mit Scheiben selbstgemachter Knoblauchbutter, wickeln Sie sie in Aluminiumfolie und backen Sie sie etwa 15 Minuten im Backofen bei 250 Grad. Öffnen Sie dann die Folie an der Oberseite und backen Sie sie noch weitere fünf Minuten. Für selbst gemachte Knoblauchbutter benötigt man 200 g Butter, eine Knoblauchknolle, ein paar Sträußchen Petersilie und Salz. Zwei Löffel Butter zerlaufen lassen und im Mixer mit Knoblauch und Salz mischen, dann die restliche Butter hinzugeben und gut durchmischen, in Frischhaltefolie geben und zu einer Rolle drehen. Die Butter in den Kühlschrank legen, damit sie fest wird.

BRÖTCHEN

Zum Frühstück, für zwischendurch oder für ausgezeichnete hausgemachte Sandwiches.

SAUERTEIG:

10 g aktives Anstellgut (2,5 %)
30 g Weizenmehl Type 550 (7,5 %)
20 g Vollkornweizenmehl (2,5 %)
40 g Wasser (7,5 %)

Die Zutaten mischen, abdecken und warten, bis sich ihr Volumen verdoppelt hat.

HAUPTTEIG:

(für etwa neun mittelgroße Brötchen)

450 g Weizenmehl Type 550 (90 %)
50 g Vollkornweizenmehl (10 %)
120 g kalte Milch (24 %)
180 g Wasser (36 %)
15 g brauner Zucker (3 %)
10 g Salz (2 %)
20 g Oliven- oder Sonnenblumenöl (4 %)

Das Vollkornweizenmehl mit 100 g kochendem Wasser übergießen (wie bei der Zubereitung von Buchweizensterz). Gut durchmischen, bis das gesamte Mehl vollgesogen ist, dann kalte Milch und das übrige Wasser hinzugeben. Erneut durchmischen, so dass eine mitteldichte Masse entsteht. Das weiße Weizenmehl in die Schüssel des Mixers sieben und bei niedrigster Geschwindigkeit schrittweise das Gemisch aus Mehl, Milch und Wasser hinzugeben. So lange mischen, bis sich alle Zutaten zu einem Teig verbunden haben. Abdecken und mindestens 30 Minuten ruhen lassen.

Währenddessen Öl, Salz und Zucker mischen. Nach der Autolyse den Sauerteigansatz und die Mischung aus Öl, Salz und Zucker hinzugeben. So lange kneten, bis sich der Teig von der Schüssel löst. Abdecken und den Teig ruhen lassen, bis er sich verdoppelt hat.

Dazwischen kann man ihn in den ersten zwei Stunden durch Dehnen und Falten zwei Mal durchkneten. Dann Kugeln formen, diese abgedeckt zehn Minuten ruhen lassen und danach ein wenig länglich formen.

Warten, bis sie sich etwa verdoppelt haben und fluffig und luftig geworden sind (bei mir dauert das etwa vier Stunden bei 22 Grad). Mit dem Finger überprüfen, ob sie gut aufgegangen sind.

Kurz vor dem Backen ein wenig mit Mehl bestäuben und mit dem Griff eines Kochlöffels zur Form eines Brötchens zusammendrücken.

Im vorgeheizten Backofen bei 220 Grad backen, die ersten zehn Minuten mit Dampf, dann noch ohne, bis sie schön braun sind, insgesamt etwa 20-25 Minuten. Noch warm mit einem Baumwolltuch abdecken, damit sie schön weich werden.

Tipp

Für eher brotartige Brötchen können Sie auch das Rezept »Brotbacken im Handumdrehen« verwenden.

DINKELSTRIEZEL MIT KARAMELLISIERTEN ZWIEBELN

SAUERTEIG:

10 g aktives Anstellgut (2,5 %)
25 g weißes Dinkelmehl (6,2 %)
25 g Weizenmehl Type 812 (6,2 %)
40 g Wasser (10 %)

Die Zutaten mischen, abdecken und warten, bis sich ihr Volumen verdoppelt hat.

HAUPTTEIG:

200 g weißes Dinkelmehl (50 %)
200 g Weizenmehl Type 812 (50 %)
240 g Wasser (6 %)
8 g Salz (4 %)
Karamellisierte Zwiebeln:
40 g Butter (10 %)
100 g dünn geschnittene Zwiebeln (25 %)
1 Löffel Balsamico-Essig

Das Dinkel- und das Weizenmehl mit dem Wasser zu einer homogenen Masse vermengen. Abgedeckt mindestens 20 Minuten ruhen lassen, dann den Sauerteigansatz und das Salz hinzugeben. Fünf Minuten lang gut durchkneten (erstes Kneten). 20 Minuten ruhen lassen. Während der Teig abgedeckt ruht, die geschnittenen Zwiebeln in Butter und Balsamico-Essig karamellisieren. Abtropfen lassen. Das geschmolzene Fett abkühlen lassen, dann dem Teig hinzugeben. Beim zweiten Kneten können Sie die Technik des Auf-den-Tisch-Schlagens und Faltens anwenden, damit das Öl in den Teig einzieht. In den folgenden zwei Stunden alle 20 - 30 Minuten fünf Mal dehnen und falten, beim zweiten Mal die abgetropften Zwiebeln in den Teig einarbeiten. Warten, bis der Teig auf beinahe das Doppelte anwächst, dann nach der Anleitung auf S. 104 - 108 Stangen formen. Mit Mehl bestäuben und abgedeckt ruhen lassen, bis sie wieder auf beinahe das Doppelte angewachsen sind. Vor dem Backen leicht mit Mehl bestäuben, einschneiden und im vorgeheizten Backofen bei 250 °C backen. Die ersten zehn Minuten mit Dampf, dann noch eine Weile ohne, bis sie braun werden, in der Regel zwischen 15 und 20 Minuten.

Tipp

Aus diesem Teig lassen sich auch ausgezeichnete französische Baguettebrötchen herstellen. Getestet und für gut befunden!

Meine Notizen

SAUERTEIG-KÜRBISSE

Eine nette herbstliche Variante. Durch den pürierten Kürbis werden diese Köstlichkeiten noch weicher und schmackhafter.

SAUERTEIG:

10 g aktives Anstellgut (2,5 %)
40 g Weizenmehl Type 550 (10 %)
40 g Wasser (10 %)

Die Zutaten mischen, abdecken und warten, bis sich ihr Volumen verdoppelt hat.

HAUPTTEIG:

200 g gebackenes Fleisch eines Hokkaido-Kürbisses (50 %)
350 g Weizenmehl Type 550 (87,5 %)
50 g Vollkorndinkelmehl (12,5 %)
250 g Wasser (62,5 %)
8 g Salz (2 %)

Zum gebackenen Kürbisfleisch 100 g Wasser hinzufügen und in der Küchenmaschine pürieren. Dann das Mehl und schrittweise 120 g Wasser hinzugeben. Abgedeckt 30 Minuten ruhen lassen, dann den Sauerteig und das Salz hinzugeben. Wenn zu erkennen ist, dass der Teig noch etwas Wasser aufnehmen kann, noch die restlichen 30 g Wasser hinzugeben. Gut durchkneten, nach kurzem Ruhen zwei oder drei Mal für je zwei oder drei Minuten kneten. In den folgenden zwei Stunden vier Mal dehnen und falten. Warten, bis der Teig auf beinahe das Doppelte anwächst, dann einen großen oder mehrere kleine Kürbisse formen, aufgehen lassen und nach der Anleitung auf S. 123 - S. 128 backen.

Tipp

Der Teig wird ein wenig weicher und klebriger, das ist ganz normal. Backen Sie Kürbisspalten im Backofen bei 200 Grad für etwa eine Stunde, die ersten 30 Minuten abgedeckt, dann offen. Von 400 Gramm Kürbisspalten bleiben mir nach dem Backen etwa 200 Gramm gebackenes Kürbisfleisch. Man kann entweder einen großen Kürbis oder mehrere kleine formen. In jedem Fall sollte man den Teig nach dem Formen bzw. vor dem Backen mit Schnüren zusammenbinden, damit man eine Kürbisform erhält. Vier Stück Metzgerschnur in der Mitte zusammenknoten, ausbreiten, den geformten Laib in die Mitte legen und vorsichtig zusammenbinden. Diesen Teig können Sie auch für Burgerbrötchen verwenden.

KNOBLAUCH-BÖMBCHEN

Knoblauch und Butter mit weichem, warmem Brot – muss ich mehr sagen?

SAUERTEIG:

10 g aktives Anstellgut (2 %)
20 g Weizenmehl Type 550 (4 %)
20 g Vollkornweizenmehl (4 %)
30 g Wasser (6 %)

Die Zutaten mischen, abdecken und warten, bis sich ihr Volumen verdoppelt hat.

HAUPTTEIG:

(für eine runde 26-Zentimeter-Form)

300 g Weizenmehl Type 550 (60 %)
150 g Weizenmehl Type 812 (30 %)
50 g Vollkornweizenmehl (10 %)
385 g Wasser (77 %)
10 g Salz (2 %)

ZUM BESTREICHEN:

geschmolzene Butter

BELAG NACH DEM BACKEN:

6–12 Zehen Knoblauch (nach Wunsch)
30 g Butter
Petersilie

50 g Weizenmehl mit 100 g Wasser überbrühen und gut durchmischen. So wird auch die Kleie im Vollkornmehl eingeweicht und der Teig wird weicher. Warten, bis es so weit abgekühlt ist, dass das restliche Mehl und schrittweise das restliche Wasser hinzugefügt werden kann. Den Teig abgedeckt eine Stunde ruhen lassen, dann den Sauerteig und das Salz hinzugeben. Gut durchkneten. Nach kurzem Ruhen zwei oder drei Mal für je zwei oder drei Minuten kneten. In den folgenden zwei Stunden vier Mal dehnen und falten.

Warten, bis sich der Teig um die Hälfte vermehrt hat, dann über Nacht in den Kühlschrank stellen. Am nächsten Tag Kugeln formen. Butter zerlaufen lassen und jede Kugel in Butter wälzen und in eine Backform legen. Aufgehen lassen, bis sie schön luftig sind und sich das Volumen verdoppelt hat. Im vorgeheizten Backofen bei 200 Grad backen, die ersten 15 Minuten mit Dampf, dann ohne, bis sie schön goldbraun sind. Etwas abkühlen lassen, dann mit zerlaufener Butter bestreichen und mit kleingehacktem Knoblauch und Petersilie bestreuen.

Diese Brötchen sind ein ausgezeichneter Partysnack, da sie sich einfach voneinander trennen lassen.

FESTLICHES FRÜCHTEBROT – KLECNPROT

SAUERTEIG:

10 g aktives Anstellgut (2 %)
25 g Weizenmehl Type 812 (5 %)
25 g Roggenmehl (5 %)
40 g Wasser (8 %)

Die Zutaten mischen, abdecken und warten, bis sich ihr Volumen verdoppelt hat.

HAUPTTEIG:

150 g Roggenmehl (30 %)
250 g Weizenmehl Type 812 (50 %)
100 g Weizenmehl Type 550 (20 %)
325 g Wasser (65 %)
10 g Salz (2 %)
eingeweichtes Trockenobst mit Nüssen und dunkler Schokolade
(mindestens 3–4 Tage vorher vorbereiten)

Das gesamte Mehl und Wasser zu einer homogenen Masse vermischen. Abgedeckt mindestens eine Stunde stehen lassen, dann den Sauerteig und das Salz hinzugeben. Gut in den Teig einkneten, dann zwei Mal jeweils zwei Minuten kneten. In den folgenden zwei Stunden drei Mal dehnen und falten, beim letzten Mal das eingeweichte Obst, die Nüsse und die dunkle Schokolade zugeben. Langsam und vorsichtig kneten, damit sich die Zutaten schön mit dem Teig verbinden. Nach 20 Minuten noch einmal sanft durchkneten.

In den ersten zwei Stunden kann man zwei Mal sanft dehnen und falten. Den Teig dann abgedeckt drei bis fünf Stunden ruhen lassen, bis er um etwa die Hälfte anwächst, dann nach Wunsch formen. Da der Teig klebrig wird, sollte er in Roggenmehl gewälzt und dann in den Gärkorb gelegt werden. Wenn er anwächst und auf der Oberfläche ein wenig rissig wird, ist er bereit zum Backen.

Den Backofen auf 250 °C vorheizen, die ersten 15 Minuten mit Dampf backen, dann die Temperatur auf 220 °C senken und noch weitere 45–50 Minuten backen.

ANLEITUNG FÜR EINGEWEICHTES TROCKENOBST MIT NÜSSEN UND DUNKLER SCHOKOLADE:

400 g (80 %) Trockenobst – Pflaumen, Rosinen, Birnen, Äpfel, Aprikosen, Feigen, Datteln, Preiselbeeren o. Ä. – in Würfel geschnitten
100 g (20 %) geschnittene und geröstete Nüsse – Haselnüsse, Walnüsse, Mandeln …
50 g (10 %) kleinere Stückchen dunkle Schokolade
100 ml Rum (20 %)
50 g Wasser (10 %) oder mehr
frisch gepresster Saft von 2 Orangen
Schale von einer Bio-Orange und einer halben Bio-Zitrone
ein Viertel Esslöffel gemahlene Vanille

Obst, Nüsse, klein gehackte dunkle Schokolade und geraspelte Orangen- und Zitronenschale mischen. Rum, Wasser und Orangensaft mit der gemahlenen Vanille mischen und über die Obstmischung gießen. Mindestens drei Tage lang einweichen lassen, zwischendurch gut umrühren.

Tipp

Statt Rum kann man auch einfach mehr frisch gepressten Saft und Wasser verwenden. Wenn es eilig ist: Die Mischung aufkochen und über das Obst gießen, die Schokolade später hinzugeben. Mehrmals umrühren. Am nächsten Tag im Teig verwenden. Dieses Brot hält sich sehr lange, sofern Sie es nicht vorher aufessen. Es ist ein wunderbares Weihnachtsgeschenk. Bei uns freuen sich alle schon lange vorher darauf.

ANITA
ŠUMER

Salzig-süße Köstlichkeiten

Glauben Sie bloß nicht, dass sich Sauerteig nur für Brot eignet - ganz und gar nicht! Sie können ihn für alle Teigarten verwenden, bei denen Sie sonst Bäckerhefe verwenden. So werden alle Arten von Köstlichkeiten noch schmackhafter, gesünder und leichter verdaulich.

Der Schlüssel zu einem weichen, süßen Teig liegt im Kneten. Bevor Sie Butter hinzugeben, muss er gut durchgeknetet werden, damit er homogen und geschmeidig wird. Nach dem Hinzufügen von Butter mit Zimmertemperatur kneten Sie den Teig erneut gut durch, so dass er das ganze Fett aufnimmt und wieder schön weich und seidig wird. Dieser Schritt nimmt für gewöhnlich einige Zeit in Anspruch. Sie können sich dabei mit einer Küchenmaschine behelfen oder den Teig längere Zeit auf der Arbeitsfläche fest kneten. So machen Sie zusätzlich etwas Gymnastik und können später ohne schlechtes Gewissen ein wenig mehr essen.

SÜSSE BRÖTCHEN

SÜSSER SAUERTEIG:

140 g süßer Sauerteig (30 %) (siehe S. 73)

Die Zubereitung dauert etwa eineinhalb Tage (bei einer Temperatur von 21 °C). 10 g aktives Anstellgut mit 30 g weißem Weizenmehl Type 550, 10 g Wasser und 8 g braunem Zucker mischen. Warten, bis sich das Volumen des Sauerteigs verdoppelt hat. Dann erneut 50 g weißes Weizenmehl Type 550, 20 g Wasser und 12 g braunen Zucker hinzufügen. Wenn sich das Volumen verdreifacht hat, den Sauerteig im Hauptteig verwenden.

HAUPTTEIG:

(für etwa zehn süße Brötchen)

400 g Weizenmehl Type 550 (80 %)
100 g Weizenmehl Type 812 (20 %)
2 Eier (108 g, 22 %)
190 g Milch (38 %)
8 g Salz (1,6 %)
10 g Zucker (2 %)
80 g Butter mit Raumtemperatur (16 %)

ZUM BESTREICHEN:

1 Ei
1 Esslöffel Milch
1 Prise Salz

Das Mehl in die Schüssel des Mixers sieben. Den süßen Sauerteig in kleine Stücke reißen, alle anderen Zutaten außer der Butter vermischen und in diese Flüssigkeit die Sauerteigstückchen zum Auflösen geben. Den Mixer auf der niedrigsten Stufe einschalten und die flüssige Mischung langsam in die Schüssel gießen. So lange kneten, bis sich der Teig schön von der Schüssel löst, dann schrittweise Butterstückchen hinzugeben. Danach die Geschwindigkeit erhöhen und so lange kneten, bis ein weicher und geschmeidiger Teig entsteht. Wenn man keinen Mixer besitzt, kann man den Teig auch auf die Arbeitsfläche schlagen und falten, wie auf S. 99 beschrieben. Den Teig in einem geschlossenen Gefäß aufgehen lassen, in der ersten Stunde zwei Mal dehnen und falten.

Warten, bis der Teig sich mindestens verdoppelt hat, dann Kugeln formen, mit der Eiermischung bestreichen und mit Frischhaltefolie abdecken. Aufgehen lassen, bis sie schön fluffig sind beziehungsweise ihr Volumen verdoppelt haben. Bei einer Temperatur von 21 Grad gehen meine in vier bis fünf Stunden auf. Den Ofen auf 200 Grad vorheizen, die Brötchen noch einmal mit der Eiermischung bestreichen, mit Sesam oder Mohn bestreuen und backen, bis sie schön braun sind, etwa 20 - 30 Minuten.

Noch warm mit Butter bestreichen, damit eine schöne, weiche Kruste erhalten bleibt. Die Brötchen eignen sich auch außerordentlich gut für Hamburger. Sie sind gerade weich genug, aber auch so kompakt, dass sie nicht aufweichen.

KÖSTLICH-SALZIGER ZOPF

SÜSSER SAUERTEIG:

140 g süßer Sauerteig (30 %) (siehe S. 73)

Die Zubereitung dauert etwa eineinhalb Tage (bei einer Temperatur von 21 °C). 10 g aktives Anstellgut mit 30 g weißem Weizenmehl Type 550, 10 g Wasser und 8 g braunem Zucker mischen. Warten, bis sich das Volumen des Sauerteigs verdoppelt hat. Dann erneut 50 g weißes Weizenmehl Type 550, 20 g Wasser und 12 g braunen Zucker hinzufügen. Wenn sich das Volumen verdreifacht hat, den Sauerteig im Hauptteig verwenden.

HAUPTTEIG:

(für einen sehr großen Zopf mit 35 cm oder zwei mittelgroße beziehungsweise vier kleinere)

400 g Weizenmehl Type 550 (80 %)
100 g Weizenmehl Type 812 (20 %)
2 Eier (108 g, 22 %)
100 g Milch (20 %)
90 g Wasser (18 %)
8 g Salz (1,6 %)
10 g Zucker (2 %)
50 g Butter mit Raumtemperatur (10 %)

ZUM BESTREICHEN:

1 Ei
1 Esslöffel Milch
1 Prise Salz

ZUM BESTREUEN NACH WUNSCH:

Sesam, Mohn, Mandelblättchen

Das Mehl in die Schüssel des Mixers sieben. Den süßen Sauerteig in kleine Stücke reißen, alle anderen Zutaten außer der Butter vermischen und in diese Flüssigkeit die Sauerteigstückchen zum Auflösen geben. Den Mixer auf der niedrigsten Stufe einschalten und die flüssige Mischung langsam in die Schüssel gießen. So lange kneten, bis sich der Teig schön von der Schüssel löst, dann schrittweise Butterstückchen hinzugeben. Danach die Geschwindigkeit erhöhen und so lange kneten, bis Sie einen weichen und geschmeidigen Teig erhalten. Den Teig in eine Schüssel geben, in der ersten Stunde zwei Mal dehnen und falten, dann abgedeckt ruhen lassen, bis er sich verdoppelt. Stränge formen und einen Zopf flechten. Den Zopf mit der Eiermischung bestreichen, mit einer Frischhaltefolie abdecken und aufgehen lassen, bis er sein Volumen verdoppelt hat und schön weich und flaumig ist.

Mein Zopf benötigt bei 21 °C drei bis fünf Stunden zum Aufgehen. Vor dem Backen erneut mit der Eiermischung bestreichen, nach Wunsch mit Sesam oder Mohn bestreuen und im vorgeheizten Backofen bei 200 °C backen, bis er schön braun ist, etwa 30 - 40 Minuten.

Tipp

Wenn die Eier zu klein sind, die Differenz mit Milch ausgleichen. Dieser Teig kann auch für Milchbrot verwendet werden.

KÖSTLICH-SÜSSER ZOPF

SÜSSER SAUERTEIG:

140 g süßer Sauerteig (30 %) *(siehe S. 73)*

Die Zubereitung dauert etwa eineinhalb Tage (bei einer Temperatur von 21 °C). 10 g aktives Anstellgut mit 30 g weißem Weizenmehl Type 550, 10 g Wasser und 8 g braunem Zucker mischen. Warten, bis sich das Volumen des Sauerteigs verdoppelt hat. Dann erneut 50 g weißes Weizenmehl Type 550, 20 g Wasser und 12 g braunen Zucker hinzufügen. Wenn sich das Volumen verdreifacht hat, den Sauerteig im Hauptteig verwenden.

HAUPTTEIG:

500 g Weizenmehl Type 550 (100 %)
2 Eier (108 g, 22 %)
180 g Milch (36 %)
1 geriebene Bio-Zitronenschale und Saft einer halben Zitrone
30 g brauner Zucker (6 %)
8 g Salz (1,6 %)
20 g Rum (4 %)
60 g Butter mit Raumtemperatur (12 %)

ZUM BESTREICHEN:

1 Ei
1 Esslöffel Milch
1 Prise Salz

Das Mehl in die Schüssel des Mixers sieben. Den süßen Sauerteig in kleine Stücke reißen, alle anderen Zutaten außer der Butter vermischen und in diese Flüssigkeit die Sauerteigstückchen zum Auflösen geben. Den Mixer auf der niedrigsten Stufe einschalten und die flüssige Mischung langsam in die Schüssel gießen. So lange kneten, bis sich der Teig schön von der Schüssel löst, dann schrittweise Butterstückchen hinzugeben. Danach die Geschwindigkeit erhöhen und so lange kneten, bis Sie einen weichen und geschmeidigen Teig erhalten. Den Teig in ein Gefäß geben, in der ersten Stunde zwei Mal dehnen und falten.

Dann den Teig aufgehen lassen, bis er sein Volumen verdoppelt hat. Stränge formen und einen Zopf flechten.

Den Zopf mit der Eiermischung bestreichen, mit Frischhaltefolie abdecken und aufgehen lassen, bis er sein Volumen verdoppelt hat und schön weich und fluffig ist. Bei mir benötigt der Zopf bei 21 °C zwischen drei und fünf Stunden zum Aufgehen. Vor dem Backen erneut mit der Eiermischung bestreichen, nach Wunsch mit Sesam oder Mohn bestreuen und im vorgeheizten Backofen bei 200 °C backen, bis er schön braun ist, etwa 30 Minuten.

Tipp

Für einen festlichen Touch können Sie in Rum oder in Fruchtsaft eingeweichte Rosinen zum Teig hinzugeben.

POTITZE

SÜSSER SAUERTEIG:

105 g süßer Sauerteig (25 %) (siehe S. 73)

Die Zubereitung dauert etwa eineinhalb Tage (bei einer Temperatur von 21 °C). 5 g aktives Anstellgut mit 25 g weißem Weizenmehl Type 550, 10 g Wasser und 5 g braunem Zucker mischen. Warten, bis sich das Volumen des Sauerteigs verdoppelt hat. Dann erneut 35 g weißes Weizenmehl Type 550, 15 g Wasser und 10 g braunen Zucker hinzufügen. Wenn sich das Volumen verdreifacht hat, den Sauerteig im Hauptteig verwenden.

HAUPTTEIG:

(für eine große Potitze mit 30 cm Durchmesser)

450 g Weizenmehl Type 550 (100 %)
3 Eigelb (60 g, 13 %)
170 g Milch (38 %)
20 g Rum (44 %)
60 g brauner Zucker (13 %)
7 g Salz (1,5 %)
1 Esslöffel Zitronensaft
1 geriebene Bio-Zitronenschale
60 g Butter mit Raumtemperatur (13 %)

NUSSFÜLLUNG:

500 g gemahlene Nüsse
4 Esslöffel Rum
1 Ei
3 geschlagene Eiweiße (vom Teig übriggeblieben)
50 g brauner Zucker
100 g Milch (oder bei Bedarf mehr, die Füllung muss streichfähig sein)

ZUM BESTREICHEN:

1 Ei
1 Esslöffel Sahne
1 Prise Salz

Das Mehl in die Schüssel des Mixers sieben. Den süßen Sauerteig in kleine Stücke reißen, alle anderen Zutaten außer der Butter vermischen und in diese Flüssigkeit die Sauerteigstückchen zum Auflösen geben. Den Mixer auf der niedrigsten Stufe einschalten und die flüssige Mischung langsam in die Schüssel gießen. So lange kneten, bis sich der Teig schön von der Schüssel löst, dann schrittweise Butterstückchen hinzugeben. Danach die Geschwindigkeit erhöhen und so lange kneten, bis Sie einen weichen und geschmeidigen Teig erhalten. Den Teig in eine Schüssel geben, in der ersten Stunde zwei Mal dehnen und falten, dann abgedeckt ruhen lassen, bis er sich verdoppelt.

Wenn er im Kühlschrank aufbewahrt wird, den Teig vor dem folgenden Schritt auf Raumtemperatur erwärmen und aufgehen lassen. Zu einem etwa 0,8 cm dicken Quadrat auswalzen, mit der Füllung bestreichen und fest zusammenrollen. Die Potitze in eine eingefettete Backform geben. Warten, bis sie auf das Doppelte angewachsen ist, bei mir hat das fast 8-10 Stunden gedauert, da die Füllung schwer ist. Vor dem Backen die Potitze einstechen, mit der Eiermischung bestreichen und im vorgeheizten Backofen bei 190 °C die ersten 20 Minuten abgedeckt backen. Dann die Temperatur auf 180 °C senken und die Potitze schön braun backen lassen. Bei mir dauert das für gewöhnlich eine Stunde. Nach dem Backen etwa 15 Minuten in der Form lassen, dann auf ein Gitter stürzen.

Wenn beim Ausrollen der Teig zurückkriecht, lassen Sie ihn abgedeckt etwa zehn Minuten ruhen. Danach lässt er sich problemlos ausrollen.

BUTTERBRIOCHE

SÜSSER SAUERTEIG:

245 g süßer Sauerteig (49 %) (siehe S. 73)

Die Zubereitung dauert etwa eineinhalb Tage (bei einer Temperatur von 21 °C). 10 g aktives Anstellgut mit 50 g weißem Weizenmehl Type 550, 20 g Wasser und 12 g braunem Zucker mischen. Warten, bis sich das Volumen des Ansatzes verdoppelt hat. Dann erneut 90 g weißes Weizenmehl Type 550, 40 g Wasser und 23 g braunen Zucker hinzufügen. Wenn sich das Volumen verdreifacht hat, den Sauerteig im Hauptteig verwenden.

HAUPTTEIG:

500 g Weizenmehl Type 550 (100 %)
75 g brauner Zucker (15 %)
3 Eier (175 g, 35 %)
7,5 g Salz (1,5 %)
60 g süße Sahne (12 %)
2,5 g gemahlene Vanille oder ein Bio-Vanillezucker (0,05 %)
125 g Butter mit Raumtemperatur (25 %)

ZUM BESTREICHEN:

1 Ei
1 Esslöffel Sahne
1 Prise Salz

Das Mehl in die Schüssel des Mixers sieben. Den süßen Sauerteig in kleine Stücke reißen, alle anderen Zutaten außer der Butter vermischen und in diese Flüssigkeit die Sauerteigstückchen geben, damit sie sich ein wenig auflösen. Den Mixer auf der niedrigsten Stufe einschalten und die flüssige Mischung langsam in die Schüssel gießen. Der Teig wird sehr kompakt.

So lange kneten, bis sich der Teig schön von der Schüssel löst, dann die Geschwindigkeit erhöhen und schrittweise Butterstückchen hinzugeben. So lange kneten, bis Sie einen weichen und geschmeidigen Teig erhalten. Ich selbst führe diesen Teil auf der Arbeitsfläche aus, die Butter gebe ich in vier oder fünf Schritten hinzu. Den Teig in ein Gefäß geben, abgedeckt um die Hälfte aufgehen lassen. Er kann auch über Nacht in den Kühlschrank gestellt werden. Wenn er im Kühlschrank aufbewahrt wird, sollte er sich vor dem folgenden Schritt auf Raumtemperatur erwärmen und aufgehen.

Dann zu einer Wurst rollen und in eine eingefettete Backform legen. Mit Eierüberzug bestreichen, mit Frischhaltefolie abdecken und auf das doppelte Volumen aufgehen lassen. Im vorgeheizten Backofen bei 190 °C backen, bis die Brioche gelb wird, dann die Temperatur auf 170 °C senken und so lange backen, bis sie schön braun wird.

Tipp

Der Teig wird vor dem Hinzufügen der Butter sehr fest sein, durch die Butter wird er jedoch weicher.

BABKA MIT SCHOKOLADENFÜLLUNG

Teig für Butterbrioche auf der vorhergehenden Seite

FÜLLUNG:

200 g dunkle Schokolade
200 g gemahlene Haselnüsse / Walnüsse
100 g Butter
1 Prise Salz
ein Viertel Esslöffel gemahlene Vanille oder 1 Vanillezucker
Zucker nach Geschmack

ZUM BESTREICHEN:

1 Ei
1 Esslöffel Sahne
1 Prise Salz

Die Füllung für die Babka vorbereiten: Schokolade und Butter schmelzen, Salz, Vanille und Zucker nach Geschmack untermischen. Ich selbst gebe keinen Zucker hinzu, da die Schokolade schon süß genug ist. Gut durchmischen. Wenn die Füllung zu dünn ist, etwa eine halbe Stunde in den Kühlschrank stellen, damit sie sich leichter verstreichen lässt. Den Teig für Butterbrioche nach dem ersten Aufgehen zu einem Quadrat mit einer Stärke von einem halben Zentimeter ausrollen, mit Füllung bestreichen, zu einer Wurst rollen und der Länge nach in zwei Teile schneiden. Dann flechten und die Enden zu einem Kreis verbinden. Das Ergebnis ist eine leckere Schokoladen-Nuss-Babka.

Auf Backpapier legen, mit der Eiermischung bestreichen, mit Frischhaltefolie abdecken und auf das doppelte Volumen aufgehen lassen. Erneut mit der Eiermischung bestreichen. Im vorgeheizten Backofen bei 190 Grad backen, bis die Babka gelb wird. Dann die Temperatur auf 170 Grad senken und so lange backen, bis sie schön braun wird.

Tipp

Anstatt einer Schokoladen-Nuss-Füllung können Sie auch dicke Marmelade verwenden. Hausgemachtes Pflaumenmus passt wunderbar zur buttrigen Krume. Oder Sie verwenden Mandeln statt Nüsse. Wenn Ihnen der Brioche-Teig zu mächtig ist, können Sie als leichtere Variante auch den Teig für den köstlich-süßen Zopf auf S. 224 verwenden.

BUCHTELN

SÜSSER SAUERTEIG:

140 g süßer Sauerteig (30 %) (siehe S. 73)

Die Zubereitung dauert etwa eineinhalb Tage (bei einer Temperatur von 21 °C). 10 g aktiven Sauerteigansatz mit 30 g weißem Weizenmehl Type 550, 10 g Wasser und 8 g braunem Zucker mischen. Warten, bis sich das Volumen des Sauerteigs verdoppelt hat. Dann erneut 50 g weißes Weizenmehl Type 550, 20 g Wasser und 12 g braunen Zucker hinzufügen. Wenn sich das Volumen verdreifacht hat, den Sauerteig im Hauptteig verwenden.

HAUPTTEIG:

500 g Weizenmehl Type 550 (100 %)
2 Eier (108 g, 22 %)
180 g Milch (36 %)
1 geriebene Bio-Zitronenschale und Saft einer halben Zitrone
30 g brauner Zucker (6 %)
8 g Salz (1,6 %)
20 g Rum (4 %)
60 g Butter mit Raumtemperatur (12 %)

ZUM BESTREICHEN:

1 Ei
1 Esslöffel Milch
1 Prise Salz

Das Mehl in die Schüssel des Mixers sieben. Den süßen Sauerteig in kleine Stücke reißen, alle anderen Zutaten außer der Butter vermischen und in diese Flüssigkeit die Sauerteigstückchen zum Auflösen geben. Den Mixer auf der niedrigsten Stufe einschalten und die flüssige Mischung langsam in die Schüssel gießen. So lange kneten, bis sich der Teig schön von der Schüssel löst, dann schrittweise Butterstückchen hinzugeben. Danach die Geschwindigkeit erhöhen und so lange kneten, bis Sie einen weichen und geschmeidigen Teig erhalten. Den Teig in ein Gefäß geben, in der ersten Stunde zwei Mal dehnen und falten.

Dann den Teig aufgehen lassen, bis er sein Volumen verdoppelt hat.

Man kann ihn auch über Nacht in den Kühlschrank stellen. Wenn er im Kühlschrank aufbewahrt wird, vor dem folgenden Schritt auf Raumtemperatur erwärmen und aufgehen lassen.

Den Teig in kleine Laibe aufteilen, die gewünschte Menge Marmelade oder eine andere Füllung hineingeben, verschließen und zu Kugeln formen. In eine eingefettete Backform legen. Mit der Mischung aus geschlagenen Eiern, Milch und Salz bestreichen, mit Frischhaltefolie abdecken und so lange aufgehen lassen, bis sich ihr Volumen verdoppelt hat und sie schön aufgegangen sind. Noch einmal mit der Eiermischung bestreichen. Im vorgeheizten Backofen bei 190 °C backen, bis sie gelb werden, dann die Temperatur auf 170 °C senken und so lange backen, bis sie schön braun sind.

Tipp

Für weichere Buchteln noch heiß mit Butter bestreichen. Der Rum kann durch Orangensaft ersetzt werden.

MADE WITH LO

KRAPFEN

Ob Fasching oder nicht, Krapfen mit Sauerteig kann man das ganze Jahr über genießen. Sie schmecken einfach überwältigend gut.

SÜSSER SAUERTEIG:

245 g süßer Sauerteig (61 %) *(siehe S. 73)*

Die Zubereitung dauert etwa eineinhalb Tage (bei einer Temperatur von 21 °C). 10 g aktives Anstellgut mit 50 g weißem Weizenmehl Type 550, 20 g Wasser und 12 g braunem Zucker mischen. Warten, bis sich das Volumen des Sauerteigs verdoppelt hat. Dann erneut 90 g weißes Weizenmehl Type 550, 40 g Wasser und 23 g braunen Zucker hinzufügen. Wenn sich das Volumen verdreifacht hat, den Sauerteig im Hauptteig verwenden.

HAUPTTEIG:

(für etwa 14 Krapfen von je 65 g)

400 g Weizenmehl Type 550 (100 %)
4 Eigelb (80 g, 20 %)
150 g Milch (37 %)
30 g Rum (7,5 %)
35 g brauner Zucker (9 %)
ein halber Teelöffel gemahlene Vanille
6 g Salz (1,5 %)
1 geriebene Bio-Zitronenschale
40 g Butter mit Raumtemperatur (10 %)

ZUM FRITTIEREN:

Pflanzenöl

Das Mehl in die Schüssel des Mixers sieben. Den süßen Sauerteig in kleine Stücke reißen, alle anderen Zutaten außer der Butter vermischen und in diese Flüssigkeit die Sauerteigstückchen zum Auflösen geben. Den Mixer auf der niedrigsten Stufe einschalten und die flüssige Mischung langsam in die Schüssel gießen.

So lange kneten, bis sich der Teig schön von der Schüssel löst, dann schrittweise Butterstückchen hinzugeben. Danach die Geschwindigkeit erhöhen und so lange kneten, bis Sie einen weichen und geschmeidigen Teig erhalten.

In ein Gefäß geben und abgedeckt über Nacht im Kühlschrank aufbewahren. Am nächsten Tag den Teig auf Raumtemperatur bringen und um die Hälfte aufgehen lassen. Dann 14 Stücke Teig je ca. 65 g abwiegen und durch Rollen auf der Arbeitsfläche zu Kugeln formen, siehe S. 142. Auf ein leicht bemehltes Tuch legen, sanft flachdrücken, mit Frischhaltefolie abdecken und so lange aufgehen lassen, bis sie ihr Volumen verdoppelt haben und schön fluffig sind. Bei mir dauert das für gewöhnlich sieben bis acht Stunden bei 21 - 22 °C.

Das Öl im Topf sollte mindestens 3,5 cm erreichen und langsam auf 165 - 170 °C erhitzt werden. Die Krapfen mit der Oberseite in das Öl legen, die Seite, die auf dem Tuch lag, ist jetzt oben. Das Gefäß mit einem Deckel verschließen und die Krapfen drei bis vier Minuten auf einer Seite frittieren. Dann den Deckel abnehmen, die Krapfen wenden und weitere drei bis vier Minuten frittieren.

Tipp

Die noch heißen Krapfen mit Ihrer Lieblingsmarmelade oder einer anderen Füllung füllen. Marmelade lässt sich am leichtesten einspritzen, wenn man sie etwas erwärmt.

DÄNISCHES PLUNDERGEBÄCK

SÜSSER SAUERTEIG:

100 g süßer Sauerteig (20 %) (siehe S. 73)

Die Zubereitung dauert etwa eineinhalb Tage (bei einer Temperatur von 21 °C). 5 g aktiven Sauerteigansatz mit 25 g weißem Weizenmehl Type 550, 10 g Wasser und 5 g braunem Zucker mischen. Warten, bis sich das Volumen des Sauerteigs verdoppelt hat. Dann erneut 35 g weißes Weizenmehl Type 550, 10 g Wasser und 10 g braunen Zucker hinzufügen. Wenn sich das Volumen verdreifacht hat, den Sauerteig im Hauptteig verwenden.

HAUPTTEIG:

500 g Weizenmehl Type 550 (100 %)
250 g kaltes Wasser (50 %)
30 g Milchpulver (6 %)
20 g brauner Zucker (4 %)
8 g Salz (1,6 %)
320 g Butter zum Glasieren (64 %)

ZUM BESTREICHEN:

1 Ei
1 Esslöffel Milch
1 Prise Salz

QUARKCREME:

200 g passierter Quark oder Frischkäse
1 Ei
Zucker nach Geschmack
Obst nach Wahl

Alle Zutaten außer der Butter im Mixer zu einem kompakten, homogenen Teig mischen. In einem geschlossenen Gefäß im Kühlschrank acht Stunden oder über Nacht ruhen lassen. Am nächsten Tag sollte der Teig auf Zimmertemperatur (21 °C) aufgewärmt werden, was etwa 45 Minuten dauert. In der Zwischenzeit ein Butterquadrat mit einer Seitenlänge von 20 cm vorbereiten.

Der Teig und das Butterquadrat sollten in etwa die gleiche Temperatur haben. Die Butter sollte knetbar, aber nicht zu weich sein, anderenfalls legen Sie sie für fünf Minuten ins Gefrierfach.

Den Teig zu einem Quadrat (mit etwa 30 cm Seitenlänge) ausrollen, das größer ist als das Butterquadrat, so dass Sie Letzteres darin einwickeln können. Den Teig gut verdichten, damit die Butter nicht entweichen kann. Drei Mal in Form eines Briefs falten. Nach jedem Falten den Teig immer in Frischhaltefolie wickeln und für 30 Minuten in den Kühlschrank legen. Nach dem letzten Falten den Teig erneut in Frischhaltefolie wickeln und ihn bis zum folgenden Tag im Kühlschrank aufbewahren.

Am nächsten Morgen den Teig etwa 40-50 Minuten bei Zimmertemperatur liegen lassen, dann zu einem Rechteck mit einer Stärke von 0,4 cm ausrollen. Die Ränder abschneiden, den Teig zu Quadraten schneiden und diese unterschiedlich formen. Die Quadrate auf ein mit Backpapier belegtes Backblech legen und mit der Eiermischung bestreichen. Mit Frischhaltefolie abdecken und auf etwa das Doppelte aufgehen lassen (bei 21 °C etwa 8 - 10 Stunden).

Wenn sie ausreichend aufgegangen, zart und aufgebläht sind, mit Quarkcreme und Obst füllen. Erneut mit der Eiermischung bestreichen und fünf Minuten im vorgeheizten Backofen bei 220 °C backen. Dann die Temperatur auf 190 °C senken und backen, bis sie schön braun sind.

Das Verfahren zum Glasieren und Formen finden Sie auf S. 146 - S. 156.

Tipp

Aus diesem Teig lassen sich verschiedene Formen bilden. Man kann sie auch mit Quarkcreme und Rosinen füllen und zu kleinen Strudeln wickeln und dann aufschneiden. Man kann den Teig außerdem mit einer Mischung aus Zimt, Zucker und Rosinen bestreuen, wickeln und aufschneiden.

CROISSANTS

SÜSSER SAUERTEIG:

140 g süßer Sauerteigansatz (30 %) (siehe S. 73)

Die Zubereitung dauert etwa eineinhalb Tage (bei einer Temperatur von 21 °C). 10 g aktives Anstellgut mit 30 g Manitoba-Weizenmehl, 10 g Wasser und 8 g braunem Zucker mischen. Warten, bis sich das Volumen des Sauerteigs verdoppelt hat. Dann erneut 50 g Manitoba-Weizenmehl, 20 g Wasser und 12 g braunen Zucker hinzufügen. Wenn sich das Volumen verdreifacht hat, den Sauerteig im Hauptteig verwenden.

HAUPTTEIG:

500 g Manitoba-Weizenmehl (100 %)
210 g kalte Milch (42 %)
80 g Wasser (16 %)
20 g brauner Zucker (4 %)
9 g Salz (1,8 %)
300 g Butter zum Glasieren (60 %)

ZUM BESTREICHEN:

1 Ei
ein halber Esslöffel süße Sahne
1 Prise Salz

Die Butter für den nächsten Tag aufbewahren. Salz, Zucker und den süßen Sauerteig in Milch und Wasser auflösen, Mehl in die Schüssel des Mixers sieben und dann langsam den flüssigen Teil hinzugießen. Ich selbst knete das Ganze auf Stufe zwei von sieben für ungefähr sieben bis zehn Minuten, um einem kompakten, homogenen Teig zu erhalten. In einem geschlossenen Gefäß im Kühlschrank acht Stunden oder über Nacht ruhen lassen.

Am nächsten Tag sollte der Teig sich auf Zimmertemperatur erwärmen, was etwa 45 Minuten dauert (21 °C). In der Zwischenzeit ein Butterquadrat mit einer Seitenlänge von 20 cm vorbereiten. Der Teig und das Butterquadrat sollten in etwa die gleiche Temperatur haben. Die Butter sollte knetbar, aber nicht zu weich sein, anderenfalls legen Sie sie für fünf Minuten ins Gefrierfach. Den Teig zu einem Quadrat (mit etwa 30 cm Seitenlänge) ausrollen, das größer ist als das Butterquadrat, so dass Sie Letzteres darin einwickeln können.

Den Teig gut verdichten, damit die Butter nicht entweichen kann. Drei Mal in Briefform oder einmal in Briefform und einmal Buchform falten. Nach jedem Falten den Teig immer in Frischhaltefolie wickeln und für 30 Minuten in den Kühlschrank legen. Nach dem letzten Falten den Teig erneut in Frischhaltefolie wickeln und ihn bis zum folgenden Tag im Kühlschrank aufbewahren. Am nächsten Morgen sollte der Teig ca. 40 - 50 Minuten bei Zimmertemperatur stehen. Dann zu einem Rechteck mit einer Stärke von 0,4 cm ausrollen, in Dreiecke schneiden und zu Hörnchen wickeln.

Die Hörnchen mit der Eiermischung bestreichen und auf ein Backblech legen, mit Frischhaltefolie abdecken und auf die doppelte Größe aufgehen lassen (bei 21 °C acht bis zehn Stunden). Wenn sie ausreichend aufgegangen sind, sind sie zart und luftig. Erneut mit der Eiermischung bestreichen und fünf Minuten im vorgeheizten Backofen bei 220 °C backen. Dann die Temperatur auf 190 °C senken und backen, bis sie schön braun sind.

Das Verfahren zum Glasieren und Formen finden Sie auf S. 146 - S. 156.

Tipp

Wählen Sie einen Tag, an dem die Temperatur nicht zu hoch ist, am besten sind 20 - 21 °C. Keine Sorge, falls Ihnen die Croissants vielleicht beim ersten Mal nicht gelingen. In der Regel sind mindestens drei oder vier Versuche erforderlich. Sie können auch das Nudelholz vor Gebrauch für eine Stunde in den Kühlschrank legen.

GEWÜRZBRÖTCHEN

SÜSSER SAUERTEIG:

140 g süßer Sauerteig (35 %) (siehe S. 73)

Die Zubereitung dauert etwa eineinhalb Tage (bei einer Temperatur von 21 °C). 10 g aktives Anstellgut mit 30 g weißem Weizenmehl Type 550, 10 g Wasser und 8 g braunem Zucker mischen. Warten, bis sich das Volumen des Sauerteigs verdoppelt hat. Dann erneut 50 g weißes Weizenmehl Type 550, 20 g Wasser und 12 g braunen Zucker hinzufügen. Wenn sich das Volumen verdreifacht hat, den Sauerteig im Hauptteig verwenden.

HAUPTTEIG:

(für eine runde 26-Zentimeter-Backform)

400 g Weizenmehl Type 550 (100 %)
200 g Milch (50 %)
20 g Milchpulver (6 %, nach Geschmack)
30 g brauner Zucker (4 %)
1 Ei (54 g, 1,4 %)
6 g Salz (1,5 %)
Saft einer halben Orange
geriebene Schale einer halben Bio-Orange und einer halben Bio-Zitrone
ein halber Teelöffel gemahlener Zimt
ein halber Teelöffel gemahlene Gewürznelken
ein halber Teelöffel gemahlener Kardamom
ein halber Teelöffel gemahlener Ingwer
ein halber Teelöffel gemahlene Muskatnuss
40 g Butter mit Raumtemperatur (10 %)
2 Prisen Vanillepulver
140 g Rosinen (mindestens 7 Tage in Rum eingeweicht) (35 %)

ZUM BESTREICHEN:

1 Ei
1 Esslöffel Milch
1 Prise Salz

WEISSE LINIEN:

Weizenmehl und Wasser (Die Mischung muss dünn genug sein, dass Sie damit zeichnen können, aber nicht so dünn, dass sie verläuft)

Das Mehl in die Schüssel des Mixers sieben. Den süßen Sauerteig in kleine Stücke reißen, alle anderen Zutaten außer der Butter vermischen und in diese Flüssigkeit die Sauerteigstückchen zum Auflösen geben. Den Mixer auf der niedrigsten Stufe einschalten und die flüssige Mischung langsam in die Schüssel gießen. So lange kneten, bis sich der Teig schön von der Schüssel löst, dann schrittweise Butterstückchen hinzugeben. Danach die Geschwindigkeit erhöhen und so lange kneten, bis Sie einen weichen und geschmeidigen Teig erhalten.

Langsam die abgetropften Rosinen dazugeben, dies kann auch von Hand geschehen. Den Teig in ein geöltes Gefäß mit Deckel geben und in der ersten Stunde zweimal dehnen und falten. Mindestens auf das Doppelte anwachsen lassen, Kugeln formen und in eine eingefettete Backform legen. Mit Frischhaltefolie abdecken und aufgehen lassen, bis sich das Volumen nahezu verdoppelt hat, dann mit der Eiermischung bestreichen. Die Mischung zum Zeichnen vorbereiten (nach Bedarf der Dichte des Mehls anpassen).

Mit einer Spritze kleine Kreuze auf die Brötchen zeichnen und in den auf 210 °C vorgeheizten Ofen legen. Nach zehn Minuten die Temperatur auf 200 °C senken und so lange backen, bis die Brötchen schön goldbraun werden.

Tipp

Wenn man die Brötchen nach dem Backen mit Butter bestreicht, bleibt die Kruste schön weich.

VEGANES BANANENBROT

(für eine 20-Zentimeter-Backform mit 10,5 cm Breite und 7 cm Tiefe)

2 sehr reife Bananen (etwa 145 g)
250 g weißes oder Vollkorn-Dinkelmehl
100 g geschmolzenes Kokosöl
200 g aktives Anstellgut
1 Bio-Vanillezucker oder ein Viertel Teelöffel gemahlene Vanille
ein halber Teelöffel Zimt
50 g brauner Zucker
2 Prisen Salz

Mit einer Gabel die Bananen zerdrücken, das geschmolzene Kokosöl, Vanillezucker, braunen Zucker und Salz hinzugeben. Man kann alle diese Zutaten auch in den Mixer geben. Dann das Anstellgut untermischen und gut durchrühren. Mehl in ein Gefäß sieben und langsam die flüssige Mischung hinzugeben. Kneten, bis der Teig weich und geschmeidig wird. Zu einer Stange wickeln.

Die Backform einfetten und die Stange hineinlegen, abdecken und auf das Doppelte aufgehen lassen. Im vorgeheizten Backofen bei 180 - 190 °C backen, bis ein Zahnstocher, den Sie in den Kuchen stecken, sauber bleibt, in der Regel 40 bis 50 Minuten. Wenn der Kuchen gebacken ist, noch warm mit Kokosöl bestreichen und zum Abkühlen auf ein Gitter legen.

Das Kokosöl kann durch Butter ersetzt werden.

DINKELKUCHEN MIT FRÜCHTEN

Mein Lieblingskuchen, saftig, lecker und weich.

SAUERTEIG:

200 g aktives Anstellgut
200 g weißes oder Vollkorn-Dinkelmehl
etwa 200 g Milch (an das Mehl anpassen, dieser Sauerteig muss dickflüssig sein)

Die Zutaten mischen, abdecken und warten, bis sich ihr Volumen verdoppelt hat.

HAUPTTEIG:

(für eine runde 26-Zentimeter-Form)

2 Eier
200 g geschmolzene Butter
120 g brauner Zucker
ein halber Teelöffel gemahlene Vanille
ein halber Teelöffel Natron
1 Prise Salz
30 g sehr dunkler Kakao

FÜLLUNG:

200 g tiefgefrorenes oder frisches Obst (Kirschen, Himbeeren, Pflaumen, Heidelbeeren), bestreut mit einem Esslöffel Dinkelmehl

Eier, geschmolzene Butter, braunen Zucker, Vanille, Natron, Salz und Kakao gut mischen, dann den Sauerteig hinzugeben und gut vermengen. Die Mischung in eine eingefettete Backform gießen, oben mit Obst füllen. Den Kuchen in der eingefetteten runden Backform im vorgeheizten Backofen bei 180 - 190 °C etwa 50 Minuten lang backen, bis ein in den Teig gestochener Zahnstocher sauber bleibt.

Tipp

Für eine vegane Variante die Milch durch Kokosmilch ersetzen. Anstelle der Eier zwei Esslöffel gemahlenen Leinsamen und noch 10 g geschmolzenes Kokosöl dazugeben.

GRIESS-QUARK-KUCHEN

Ob salzig oder süß, immer ein Genuss!

SÜSSER SAUERTEIG:

100 g süßer Sauerteig (25 %) (siehe S. 73)

Die Zubereitung dauert etwa eineinhalb Tage (bei einer Temperatur von 21 °C). 5 g aktives Anstellgut mit 20 g weißem Weizenmehl Type 550, 5 g Wasser und 5 g braunem Zucker mischen. Warten, bis sich das Volumen des Sauerteigs verdoppelt hat. Dann erneut 40 g weißes Weizenmehl Type 550, 15 g Wasser und 10 g braunen Zucker hinzufügen. Wenn sich das Volumen verdreifacht hat, den Sauerteig im Hauptteig verwenden.

HAUPTTEIG:

200 g griffiges Weizenmehl (50 %)
200 g glattes Weizenmehl (50 %)
200 g Milch (50 %)
1 Ei (54 g, 14 %)
8 g Salz (2 %)
20 g Butter mit Raumtemperatur (10 %)

FÜLLUNG:

800 g Quark
2 Eier (ca. 108 g)
200 g Sauerrahm
100 g brauner Zucker
70 g Weizengrieß
70 g kochendes Wasser
2 Prisen Salz

ÜBERZUG:

150 g Sauerrahm
1 Ei
1 Prise Salz
Zucker nach Geschmack, ich gebe in der Regel einen gehäuften Esslöffel braunen Zucker hinzu

ZUM BESTREICHEN:

1 Ei
1 Esslöffel Milch
1 Prise Salz

Das Mehl in die Schüssel des Mixers sieben. Den süßen Sauerteig in kleine Stücke reißen. Alle anderen Zutaten außer der Butter in einem Gefäß vermischen und die Sauerteigstückchen zu dieser Flüssigkeit zum Auflösen geben. Den Mixer auf der niedrigsten Stufe einschalten und die flüssige Mischung langsam in die Schüssel mit dem Mehl gießen. So lange kneten, bis sich der Teig schön von der Schüssel löst, dann schrittweise Butterstückchen hinzugeben. Die Geschwindigkeit erhöhen und so lange kneten, bis der Teig weich und geschmeidig ist.

Den Teig in ein Gefäß geben und in der ersten Stunde zweimal dehnen und falten. Dann über Nacht abgedeckt stehen lassen. Man kann ihn in den Kühlschrank stellen, was aber nicht unbedingt erforderlich ist. Warten, bis sich das Volumen des Teigs in etwa verdoppelt hat. In der Zwischenzeit die Füllung zubereiten. Den Grieß mit kochendem Wasser übergießen und ein wenig abkühlen lassen. Den Quark durch ein Sieb streichen und mit Eiern, Sauerrahm, Salz, Zucker und dem gebrühten Grieß vermischen. Dann den Teig auf ca. 1,5 cm Stärke ausrollen und auf ein eingefettetes, großes, rundes oder rechteckiges Backblech legen.

Die Ränder nach oben biegen, die Füllung auf den Teig streichen. Mit der Eiermischung bestreichen, mit Frischhaltefolie abdecken und auf das Doppelte aufgehen lassen. Im vorgeheizten Backofen bei 180 – 200 °C eine gute Stunde backen.

Wohin mit zu viel Sauerteig?

Manchmal kommt es vor, dass sich der Sauerteig einfach weiter vermehrt. Daher habe ich in diesem Kapitel ein paar Ideen dazu gesammelt, was man tun kann, wenn man vielleicht zu viel davon hat und kein Brot backen möchte, wenn man vielleicht einfach ein wenig herumprobieren oder auch schlicht den Geschmack anderer Speisen verbessern möchte. Wofür Sie Sauerteig verwenden, bleibt allein Ihnen und Ihrer Fantasie überlassen.

KAMUT-KNUSPERCHEN

(Für ein Backblech mit 39 cm Breite und 44 cm Länge)

300 g weißes Kamut-Mehl
50 g aktives Anstellgut
1 Ei
100 g Butter
1 Prise Salz
80 g brauner Zucker
1 Bio-Vanillezucker oder ein Viertel Teelöffel gemahlene Vanille
2 Esslöffel Wasser (nach Bedarf)

Mehl in ein Gefäß sieben, kalte Butter und Anstellgut hineinbröckeln, geschlagenes Ei mit Salz und Zucker sowie Vanille / Vanillezucker hinzugeben. Kneten und nach Bedarf löffelweise Wasser hinzugeben. Abgedeckt bei Zimmertemperatur vier Stunden stehen lassen, dann über Nacht in den Kühlschrank stellen. Am nächsten Tag den Teig zum Aufwärmen ein, zwei Stunden bei Zimmertemperatur stehen lassen. Dann zwischen zwei Stücken Backpapier ausrollen und zuschneiden oder mit einer Form ausstechen. Im vorgeheizten Backofen bei 200 °C backen, bis die Ränder braun werden.

Tipp

Zu den Knusperchen kann man Gewürze nach Wahl hinzugeben – Zimt, Kardamom, Ingwer – und so den Geschmack verfeinern. Man kann auch ein anderes Mehl der Typen 405, 550 oder 812 verwenden. Der Teig eignet sich außerdem für Linzer Augen.

SAUERTEIG-PALATSCHINKEN

75 g aktives Anstellgut
130 g Weizenmehl Type 812
300 g Milch
4 g Salz

Alle Zutaten bis auf das Salz mit dem Quirl verrühren, bis kein Teil mehr trocken ist, und abgedeckt so lange stehen lassen, bis sich auf der Oberfläche viele Bläschen bilden und die Masse ein wenig aufgeht. Man kann den Teig auch über Nacht in den Kühlschrank stellen, mindestens jedoch zwischen drei und fünf Stunden. Dann das Salz hinzufügen. Auf Wunsch die Masse mit Milch bis zur gewünschten Konsistenz verdünnen oder ein Ei hinzugeben und gut durchquirlen, so werden die Palatschinken kompakter. In Kokosfett, Olivenöl oder Butter backen. Diese Palatschinken sind sehr zart und luftig.

Tipp

Statt Kuhmilch kann man für vegane Palatschinken auch Pflanzenmilch verwenden. Wenn man die Hälfte des Mehls durch Einkorn- oder Kamutmehl ersetzt, schmecken die Palatschinken noch besser. Für süße Palatschinken gibt man zum Grundrezept Zucker nach Geschmack hinzu.

SAUERTEIG-KAISERSCHMARREN

3 große Esslöffel aktives Anstellgut (ca. 60 g)
300 ml Milch
2 Prisen Salz
250 g Mehl (z. B. Weizenmehl Type 812)
3 Eier
ein Viertel Esslöffel gemahlene Vanille oder 1 Bio-Vanillezucker
1 gestrichener Esslöffel Kokoszucker

Zum Backen: Butter und dann noch Kokoszucker zum Karamellisieren

Alle Zutaten vermischen und warten, bis die Masse Bläschen schlägt (auch über Nacht oder im Kühlschrank). Dann vorsichtig umrühren und eine gut einen Zentimeter dicke Schicht in eine erhitzte Pfanne mit Fett geben. Die ersten 5 – 10 Minuten abgedeckt bei mittlerer Temperatur backen, dann wenden und auf der anderen Seite backen. Diesen dicken Palatschinken aus der Pfanne nehmen und in Stücke schneiden, eine Teigkarte ist auch hier ein ausgezeichnetes Hilfsmittel. Zwei Esslöffel Butter in der Pfanne schmelzen, einen gestrichenen Esslöffel Kokoszucker hineingeben, schön karamellisieren lassen, die Kaiserschmarren-Stücke darauf geben und gut durchmischen. Warm servieren, er ist aber auch kalt gut genießbar.

Tipp

Man kann die Hälfte des Mehls auch durch Vollkornmehl ersetzen. Eine Kombination mit einer Hälfte weißen Kamut-Mehls ist ebenfalls ausgezeichnet. Wenn Sie keinen Kokoszucker haben, verwenden Sie braunen.

MÜRBETEIG
Z. B. FÜR EINE KNUSPRIGE PITA

(für eine runde 26-Zentimeter-Form)

170 g aktives Anstellgut
250 g weißes oder Vollkorn-Dinkelmehl (oder von beidem jeweils die Hälfte)
40 g brauner Zucker
1 Prise Salz
200 g kalte Butter

Mehl und Sauerteig in der Küchenmaschine mit dem Mixer mischen. Zucker, eine Prise Salz und schrittweise 200 g kalte Butter in Würfeln hinzugeben. Den Teig auf der Form ausrollen. Mit Frischhaltefolie abdecken und über Nacht in den Kühlschrank stellen. Dann den Teig anstechen und im vorgeheizten Backofen bei 180 °C 15 - 20 Minuten blind backen. Nach Belieben füllen und fertig backen.

Tipp

Wenn kein Mixer vorhanden ist, erst Sauerteig und Mehl zu größeren Klümpchen mischen. Dann alle übrigen Zutaten hinzugeben und den Teig so schnell wie möglich kneten.

BIERTEIG OHNE BIER

100 g aktives Anstellgut
50 g Milch oder Wasser
50 g Weizenmehl Type 405, 550 oder 812
1 Ei
Salz und Pfeffer nach Geschmack

Alle Zutaten zu einem dickeren, aber flüssigen Teig vermischen. Abgedeckt drei bis vier Stunden oder über Nacht im Kühlschrank stehen lassen. Die Masse schlägt Bläschen. Dann das Lebensmittel, das Sie frittieren möchten, erst trocknen, dann in den Teig tauchen und frittieren.

Tipp
Wenn man die Eier weglässt und Wasser verwendet, eignet sich der Teig auch für vegane Speisen. Sehr gut ist er in Kombination mit gemahlenem Chili.

REIBGERSTEL

350 g Mehl
150 g aktives Anstellgut
1 Ei

Alle Zutaten kneten, bei Bedarf mehr Mehl hinzugeben, den Teig etwa drei Stunden oder über Nacht im Kühlschrank ruhen lassen. Vor dem Reiben kann der Teig noch einmal durchgeknetet werden. Die Reibgerstel in Salzwasser kochen oder für spätere Verwendung trocknen. Ausgezeichnet als Suppeneinlage.

VOLLKORNCRACKER

(Für ein Backblech mit 39 cm Breite und 44 cm Länge)

200 g Vollkornweizenmehl
90 g aktives Anstellgut
5 g Salz
100 g Butter mit Raumtemperatur
10–20 g Wasser

Mehl, Salz und Sauerteig mischen und mit den Händen zerkrümeln. Die Butter stückchenweise zur Mischung hinzugeben und kneten. Wenn der Teig zu fest wird, noch ein wenig Wasser hinzugeben. Der Teig wird kompakt, aber dennoch knetbar. Abgedeckt mindestens drei bis fünf Stunden stehen lassen oder über Nacht in den Kühlschrank stellen. Wenn er im Kühlschrank aufbewahrt wird, vor dem Ausrollen auf Zimmertemperatur aufwärmen lassen.

Dann zwischen zwei Blättern Backpapier dünn ausrollen (2–3 mm), zuschneiden und mit einer Gabel einstechen. Nach Wunsch mit Sesam, Mohn oder grobem Salz bestreuen und im vorgeheizten Ofen bei 200 °C backen, bis die Cracker braun werden, etwa 15–20 Minuten.

Tipp

Statt Vollkornweizenmehl können Sie auch Vollkorndinkelmehl oder eine andere Mehlsorte verwenden. Wenn Sie die Cracker bestreuen, bestreichen Sie sie zuvor mit Ei.

DINKEL-GRISSINI

(Für 2 - 3 Backbleche mit 39 cm Breite und 44 cm Länge)

80 g aktives Anstellgut
200 g Vollkorndinkelmehl
200 g weißes Dinkelmehl
215 g Wasser
8 g Salz
20 g Olivenöl

Mehl und Wasser mischen, der Teig wird ziemlich kompakt. Abgedeckt mindestens 20 Minuten ruhen lassen, dann den Sauerteig, Öl und Salz hinzugeben. Gut kneten, so dass sich alles gut miteinander verbindet. In den folgenden zwei Stunden kann man den Teig vier Mal dehnen und falten, das ist jedoch nicht unbedingt nötig.

Den Teig auf das Doppelte anwachsen lassen, dann auf eine gut bemehlte Arbeitsfläche stürzen, falten, mit reichlich Mehl bestäuben und mit der Teigkarte in Streifen schneiden. Diese können zu Kugeln geformt, mit den Händen zu dünnen Stangen ausgerollt und anschließend in Mehl gewälzt werden. Auf Backpapier legen, abdecken und noch ein, zwei Stunden ruhen lassen. Im vorgeheizten Backofen bei 190 °C etwa 20 - 30 Minuten backen, die ersten zehn Minuten mit Dampf. Die Backzeit hängt vom Durchmesser der Stangen ab.

Tipp

Man kann auch Weizenmehl verwenden. Beim Anteigen kann man Rosmarin, Sesamsamen und Ähnliches zum Teig hinzugeben.

Meine Notizen

TEIG FÜR TEIGWAREN MIT SAUERTEIG

Sauerteig eignet sich auch sehr gut für die Zubereitung von Teigwaren, die dadurch leichter verdaulich und noch weicher werden.

180 g Weizenmehl Type 812
20 g Einkornmehl
160 g aktives Anstellgut
40 g Wasser

Alle Zutaten zusammen kneten. Der Teig sollte beim Anteigen sehr kompakt, aber dennoch knetbar sein, da er durch die Gärung später noch weicher wird. Mindestens drei bis vier Stunden bei Zimmertemperatur stehen lassen. Dann den Teig gut durchkneten und auf einer gut bemehlten Arbeitsfläche ausrollen. Man kann auch eine Nudelmaschine verwenden.

Ich selbst rolle die Teigstücke zuerst mit der Einstellung 3/9 aus und dann noch einmal mit 6/9. Die Streifen zuschneiden und in Salzwasser kochen. Beachten Sie, dass diese Nudeln sehr schnell *al dente* sind, schon innerhalb einer guten Minute! Wenn Sie nicht alle frischen Nudeln verwenden, frieren Sie sie lieber schnell ein, anstatt sie zu trocknen, da die Mikroorganismen bei Wärme den Teig noch weiter zersetzen und die Nudeln zerfallen können.

Tipp
Sie konnen jedes beliebige Mehl verwenden, sollten jedoch die Wassermenge anpassen.

FERMENTIEREN VON SAMEN, NÜSSEN, GANZEN KÖRNERN MIT SAUERTEIG

Wenn Sie Samen, Nüsse oder Körner für ein Brot oder ein Broterzeugnis über Nacht einweichen, können Sie auch einen Teelöffel Sauerteig mit ins Wasser geben. Dieser wird seine Arbeit verrichten und ihr Körper wird es Ihnen danken.

EINGELEGTE RÜBEN MIT SAUERTEIG

Bei einem Workshop erzählte mir die Teilnehmerin Jasna, sie hätte in einem Zeitungsartikel von Danica Petrovič gelesen, wie man in der slowenischen Region Haloze Rüben vergärt: Man gibt ein wenig Sauerteig in einen Topf, geriebene Rüben darauf und füllt das Ganze bis zum Rand mit Wasser. Den Topf stellt man an einen warmen Ort, zum Beispiel in die Nähe eines Ofens, und die sauren Rüben sind in drei bis vier Tagen fertig. Die Besonderheit dieser Art der Zubereitung liegt auch darin, dass mit ein wenig Wasser verdünnte Milch beim Kochen dieser Rüben nicht gerinnt. Natürlich musste ich ausprobieren, ob das auch stimmt. Ich habe die Rüben geschält, geschnitten und mit Sauerteig übergossen, den ich in Wasser aufgelöst hatte. Das Gefäß habe ich abgedeckt und die Rüben beschwert. Nach 4 Tagen konnte ich wunderbare saure Rüben genießen. Ich nehme an, dass sich Sauerteig auch für andere Gemüsesorten eignet.

GEZOGENER TEIG FÜR STRUDEL ODER STRIEZEL

Mit Sauerteig können Sie auch einen Strudelteig herstellen, ohne Säure oder Zitronensaft hinzugeben zu müssen, da die Milchsäurebakterien dafür sorgen, dass sich der Teig schön ziehen lässt.

Gezogener Teig für Strudel oder Striezel:
30 g lockerer und aktiver
Sauerteig voller Bläschen
300 g Weizenmehl
150 g Wasser (oder bei Bedarf mehr)
6 g Salz

Mischen Sie den Sauerteig mit Wasser und Salz, geben Sie dann schrittweise das Mehl hinzu und mischen Sie das Ganze durch.

Kneten Sie es zu einem geschmeidigen Teig und lassen Sie diesen bei Zimmertemperatur abgedeckt eine gute Stunde stehen. Stellen Sie dann die Schüssel für mindestens 12 Stunden in den Kühlschrank. Der Teig darf nicht aufgehen. Wenn das geschieht, kneten Sie ihn einfach durch und lassen ihn mindestens 20 Minuten ruhen. Bevor Sie den Teig ziehen, lassen Sie ihn auf Zimmertemperatur aufwärmen. Belegen Sie ihn mit einer beliebigen Füllung, rollen und backen Sie ihn.

SAUERTEIG ALS BINDEMITTEL

Außerdem können Sie Sauerteig zu Ihren Lieblingsrezepten für Frikadellen, Fleischbällchen, verschiedene Füllungen (zum Beispiel für gefüllte Paprika) usw. hinzugeben. So wird auch der Geschmack verbessert.

EINDICKEN VON SUPPEN UND SAUCEN

Wenn Sie Suppen oder Saucen eindicken möchten, lösen Sie einfach einen Esslöffel Sauerteig in ein wenig Wasser auf und mischen ihn unter. Kochen Sie die Suppe oder Sauce so lange, bis sie dick wird. Wie dick sie wird, lässt sich durch die Menge an Sauerteig steuern. Ich gebe in einen Liter Suppe ein bis zwei gehäufte Esslöffel Sauerteig.

Meine Notizen

Erste Hilfe für den Sauerteig

Sie können kein Anstellgut herstellen, Sie haben den Sauerteig »umgebracht«, er funktioniert nicht mehr, er riecht seltsam, auf der Oberfläche hat sich Flüssigkeit angesammelt, der Teig geht nicht auf, Sie fahren in den Urlaub – und es gibt noch viele ähnliche Fragen über Sauerteig und das Backen damit. In diesem Kapitel finden Sie die Antworten darauf. Aber alles der Reihe nach!

Anstellgut, ASG, Starterkultur, Starter, Ura, Sauerteig, Vollsauer – unzählige Bezeichnungen, bei denen Sie sich nicht zurechtfinden?

Anstellgut, ASG, Starterkultur, Starter oder Ura (engl. *starter*) ist der Sauerteig, den Sie immer im Glas haben, Ihr ursprünglicher Sauerteig, von dem Sie immer etwas wegnehmen und den Sie immer aufbewahren. Die Zwischenstufe bei der Teigzubereitung ist der eigentliche Sauerteig (auch Vollsauer), in dem Sie einen Teil Ihres Anstellguts verwenden. Er hat zwei Aufgaben: Sie überprüfen damit die Arbeit Ihres Sauerteigs – und falls Sie im Teig ein anderes Mehl verwenden, füttern Sie den Sauerteig damit. Wenn Sie für den Teig jedoch das gleiche Mehl verwenden wie das, mit dem Sie Ihr Anstellgut füttern, dann füttern Sie dieses einfach gut und sorgen dafür, dass es lebendig ist, Bläschen schlägt und sich verdoppelt, bevor Sie es im Teig verwenden. So mache ich das meist auch selbst. Mein Glas fasst 360 ml, ich bewahre 40 g Anstellgut darin auf, das ich mit einer Mischung aus steingemahlenem Bio-Weizenmehl (50 % Type 550 und 50 % Type 812) füttere. Bevor ich das Glas zurück in den Kühlschrank stelle, füttere ich es noch einmal, und wenn ich es aus dem Kühlschrank nehme, gebe ich 40 g Wasser und 32 g Mehl hinzu (80-prozentige Hydration). Sie können Ihres natürlich zu 100 % hydrieren, wenn Sie möchten.

Welche Hilfsmittel benötige ich für das Anstellgut?

Ein kleineres Gefäß mit einem Volumen von 360 ml oder noch kleiner. Das Gefäß sollte aus Glas sein, da dieses säurebeständig ist. Einen Löffel zum Rühren – Kunststoff, Metall oder Holz – eine Waage, gutes Mehl, chlorfreies oder abgestandenes Wasser.

Welches Mehl eignet sich für die Herstellung des Anstellguts?

Dafür eignet sich jedes Mehl, am besten bringt man die Milchsäurebakterien und die wilden Hefen jedoch mit Vollkornroggenmehl oder Vollkornweizenmehl zum Arbeiten. Diese zwei Sorten sind voller Nährstoffe und Mineralien, die die Milchsäurebakterien und Hefen früher aktivieren. Außerdem enthält Vollkornmehl viele Hülsen, auf denen sich viele Hefen befinden. Das Mehl sollte nach Möglichkeit Bio-Mehl sein, da Pflanzenschutzmittel, insbesondere Fungizide, das Wachstum dieser nützlichen Mikroorganismen verhindern. Wenn Sie die Möglichkeit haben, sollten Sie steingemahlenes Mehl kaufen oder es zu Hause selbst frisch mahlen. Sauerteig mit Mehl aus dem Supermarkt braucht vielleicht ein wenig länger, bis er Bläschen schlägt.

Ist es gleich, welches Wasser man für die Herstellung von Anstellgut, Sauerteig und Hauptteig verwendet?

Aufgrund meiner Erfahrung rate ich zu gefiltertem Wasser beziehungsweise einem Krug, der mit einem Kohlefilter Chlor entfernt. Chlor wirkt antimikrobiotisch und verhindert das Wachstum der Milchsäurebakterien und Hefen. Wenn Sie keinen solchen Krug haben, können Sie das Wasser in ein Gefäß laufen lassen und mindestens eine Stunde oder über Nacht stehen lassen, damit das Chlor verdunstet. Sie können es aber auch abkochen und abkühlen lassen. Wenn das Anstellgut stark genug ist, verträgt es auch gechlortes Wasser, ich selbst verwende jedoch immer gefiltertes. Probieren Sie es aus und sehen Sie selbst!

Ich habe mit der Herstellung meines Anstellguts oder Starters begonnen, nach zwei oder drei Tagen zeigt sich jedoch noch keine Aktivität, nur ein Bläschen hier und da, und auch das vermutlich nur vom Durchrühren.

Nicht aufgeben, vielleicht ist die Raumtemperatur zu niedrig, besonders im Winter. Manchmal dauert es ein wenig länger, bis die Mikroorganismen zum Leben erwachen und aktiv werden, da sie ein geeignetes Umfeld, Wärme, Nahrung (Mehl) und Wasser benötigen. Überprüfen Sie, mit welchem Mehl Sie sie füttern und welches Wasser Sie verwenden. Stellen Sie das Glas ins Warme, aber nicht auf einen Heizkörper oder in die Nähe starker Wärmequellen. Ein säuerlicher Geruch ist schon gut und das richtige Zeichen. Wenn kein Schimmel auftritt, ist alles in Ordnung und Sie können mit dem Vorgang wie auf S. 69 beschrieben fortfahren. Zeit ist eine wichtige Zutat bei der Herstellung von Sauerteig und Geduld ebenso. Geben Sie nur nicht auf, sondern warten Sie, bis die Bakterien und Hefen aktiv werden. Wenn trotz Befolgens aller Ratschläge (zum richtigen Mehl, Wasser, Wärme) auch nach zehn Tagen noch kein Leben im Glas festzustellen ist, können Sie sich mit selbst gemachtem Kefir oder der Zugabe eines Teelöffels Honig zum Mehl-Wasser-Gemisch behelfen. Wenn Sie die Mikroorganismen zum Leben erweckt haben, ernähren Sie den Sauerteig wie beschrieben, also nur mit Mehl und Wasser.

Ich habe Anstellgut hergestellt, wohin nun damit? Muss ich es jeden Tag füttern?

Wenn Sie jeden Tag oder jeden zweiten Tag backen, können Sie es einfach auf der Arbeitsplatte in der Küche stehen lassen und jeden Tag füttern. Anderenfalls können Sie es ohne schlechtes Gewissen in den Kühlschrank stellen. Zuvor sollten Sie es aber noch füttern, wobei Sie weniger Wasser als Mehl verwenden sollten (etwa 70 - 80-prozentige Hydration bei Weizen- oder Dinkelmehl). Das Gemisch wird dann dicker und einem weicheren Teig ähnlich. Wenn Sie beispielsweise 5 g Anstellgut im Glas haben, füttern Sie es mit 20 g Mehl (z. B. Weizenmehl) und 15 g Wasser. Rühren Sie das Ganze mit einem Löffelstiel um, reinigen Sie die Wände des Glases, lassen Sie es etwa eine Stunde stehen, schrauben Sie dann den Deckel vollständig zu und stellen Sie es zurück in den Kühlschrank.

Die Aktivität des Sauerteigs wird durch die niedrige Temperatur und die geringere Wassermenge verlangsamt, er arbeitet aber immer noch - keine Sorge, er ist sehr langlebig! Wenn Sie ihn das nächste Mal aus dem Kühlschrank nehmen, füttern Sie ihn erneut mit einer größeren Menge Mehl und Wasser, als von der Mischung in dem Glas ist, um die Milchsäurebakterien und die Hefen zu aktivieren. Wenn sich der Inhalt verdoppelt hat, können Sie ihn zum Anteigen oder für die Herstellung eines Sauerteigs verwenden, falls Sie im Teig ein anderes Mehl als im Anstellgut verwenden.

Wann kann ich den Sauerteig zum ersten Mal verwenden?

Wenn der Zyklus von Anwachsen und Zusammenfallen gleichmäßig, in einem stabilen Rhythmus verläuft; wenn sich sein Volumen verdoppelt, bevor er beginnt zusammenzufallen. Wenn er bereits nach vier Tagen soweit ist, können Sie ihn verwenden. Er ist dann vermutlich noch nicht sehr stark, aber das Brot wird dennoch aufgehen. Stellen Sie sich eine Kurve vor: Der Sauerteig befindet sich vor dem Füttern am niedrigsten Punkt. Wenn Sie ihn füttern, beginnen die Mikroorganismen, die Nahrung (das Mehl) zu verdauen und der Sauerteig wächst, bis er die höchste Stelle erreicht. Dann geht ihm langsam die Nahrung aus und der Inhalt des Glases beginnt zusammenzufallen, bis er erneut den Stand vor dem Füttern erreicht. Der Sauerteig sollte am obersten Punkt der Kurve beziehungsweise kurz davor verwendet werden. Sie können ein Gummiband um das Glas legen, um sofort sehen zu können, wie schnell er anwächst. Verfolgen Sie einen Zyklus und notieren Sie sich, innerhalb welcher Zeit er sich verdoppelt.

Wie sieht überhaupt normaler Sauerteig aus?

Für gewöhnlich riecht er ein wenig nach Joghurt, milchig, mit einem angenehm süßlichen, eventuell leicht säuerlichen Geruch. Er wächst und fällt gleichmäßig. Am obersten Punkt der Kurve bildet er schöne Bläschen (wenn Sie Weizenmehl Type 405, 550 oder 812 verwenden). Bei Roggenmehl ist er auch bei 100 %iger Hydration eher einem kompakten Schaum ähnlich. Wenn Sie ihn mit Roggen- oder Vollkornmehl füttern, hat er einen leicht säuerlichen Geruch und arbeitet schneller, da diese Mehlsorten nahrhafter sind. Weißes Mehl verlangsamt die Aktivität des Sauerteigs, ebenso die Verwendung von weniger Wasser. Ich empfehle Ihnen außerdem, nicht nur zu beobachten, wie der Sauerteig arbeitet und wächst, sondern auch von Zeit zu Zeit daran zu riechen, z. B. nach dem Füttern, wenn er angewachsen ist und zusammenzufallen beginnt. So merken Sie schnell, wie sich außer dem Aussehen auch der Geruch verändert.

Zimmertemperatur?

Die optimale Temperatur für die Herstellung und Pflege von Sauerteig liegt zwischen 24 und 26 Grad Celsius, in diesem Bereich arbeiten sowohl die Hefen als auch die Milchsäurebakterien am besten.

Im Winter, wenn es kälter ist, arbeitet auch der Sauerteig langsamer. Im Sommer kann er aber durch die hohen Temperaturen geradezu wild werden. Wenn ich im Buch den Begriff Zimmertemperatur verwende, meine ich damit eine Temperatur zwischen 21 und 24 Grad.

Ich habe mein Anstellgut mit Roggenmehl gefüttert, möchte aber ein Brot mit einer anderen Mehlsorte backen – was nun?

Wenn Sie kein Roggenmehl mehr verwenden möchten, beginnen Sie, das Anstellgut schrittweise mit einer anderen Mehlsorte zu füttern. Außerdem können Sie einen Zwischenschritt in Form eines Sauerteigs einlegen, mit dem Sie die Aktivität des Anstellguts überprüfen und bei dem Sie die Mehlsorte verwenden, mit der Sie den Teig zubereiten wollen.

Das Anstellgut ist ein wenig faul geworden, es ist nicht mehr so aktiv wie zuvor oder es ist flüssig geworden.

Füttern Sie das Anstellgut ordentlich, geben Sie mehr Mehl und Wasser hinzu, als sich Gemisch in dem Glas befindet. Sie können alles bis auf einen Esslöffel Anstellgut entnehmen und diesem dann 40 g Mehl und 30 g Wasser hinzufügen. Sie können es aber auch mit ein wenig Roggenmehl anregen, erfahrungsgemäß hilft das. Wiederholen Sie den Vorgang bei Bedarf. Sie müssen kein Obst, Honig oder Ähnliches hinzugeben, da Sie dadurch nur unnötige zusätzliche Organismen hineinbringen, die dem Mehl nicht eigen sind. Sie können auch eine größere Menge Anstellgut entnehmen, dieses in einem anderen Rezept verwenden, wenn es nicht zu sauer ist, und zum Rest (z. B. einem knappen Esslöffel) im Glas mehr frisches Mehl und Wasser hinzugeben, als das Glas enthält.

Das Anstellgut hat einen seltsamen, ungewöhnlichen Geruch und auf der Oberfläche hat sich braune Flüssigkeit angesammelt.

Es riecht stark säuerlich. Es wächst nicht mehr an. Die Flüssigkeit, die sich auf der Oberfläche angesammelt hat, ist Alkohol, gießen Sie diesen also weg. Wenn das Anstellgut scharf, nach Alkohol, nach übermäßiger Gärung riecht, ist dies ein Zeichen, dass die Mikroorganismen sämtliche Nahrung verbraucht und das Anstellgut versäuert haben. Bei höheren Temperaturen, im Sommer oder wenn es längere Zeit nicht verwendet wurde, ist dies häufig ein Problem. Keine Sorge, entfernen Sie beinahe alles aus dem Glas, lassen Sie etwa 5-10 g Anstellgut darin, füttern Sie dieses wieder gut (z. B. mit 20 g Mehl und 20 g Wasser) und lassen Sie es stehen. Wenn es sich verdoppelt hat, füttern Sie es erneut mit mehr Mehl und Wasser, als sich im Glas befindet. Wenn es sich nach 12-24 Stunden nicht verdoppelt hat und der Inhalt des Glases noch immer stark säuerlich riecht, entnehmen Sie erneut mehr als die Hälfte des Inhalts und füttern den Rest mit mehr Mehl und Wasser. Nach zwei Mal Füttern müsste er wieder in Form sein. Geben Sie nicht auf, seien Sie geduldig, manchmal dauert es etwas länger, die Mikroorganismen zum Arbeiten zu bewegen.

Von Zeit zu Zeit (einmal im Monat) reinige ich das Glas, in dem ich das Anstellgut aufbewahre, vollständig. Aufgrund von Überresten an den Wänden des Glases kann dieses beim Öffnen auch säuerlich riechen, da diese Reste an den Wänden ebenfalls sauer werden können.

In diesem Fall nehmen Sie das Anstellgut aus dem Glas, spülen und trocknen es, geben das Anstellgut wieder hinein und füttern dieses wieder.

Was kann ich im Sommer tun, wenn es sehr heiß ist und das Anstellgut, der Sauerteig oder der Teig außer Kontrolle geraten?

Verringern Sie die Hydration, das Wasser sollte sehr kalt sein. Sie können auch kaltes Mehl verwenden. Geben Sie eine Prise Salz zum Anstellgut/Sauerteig hinzu, das verlangsamt die Aktivität. Nehmen Sie für die Zubereitung des Sauerteigs weniger Anstellgut, das Gleiche gilt für das Anrühren des Teigs.

Auf der Oberfläche des Anstellguts haben sich schwarze Flecken gebildet!

Sauerteig ist ein stabiles Mikrosystem und verhindert bei guter Pflege (also Ernährung und Hygiene) selbst das Eindringen schädlicher Organismen, da in einem sauren Milieu nur bestimmte, gute Hefen gedeihen. In den frühen Entwicklungsstadien kann es zu Kreuzinfektionen sowie Schimmelbildung auf der Oberfläche des Anstellguts oder an den Glaswänden kommen. Wenn der Schimmel schwarz ist, entsorgen Sie das Anstellgut und setzen Sie neues an.

Der Sauerteig stinkt nach Aceton/Verdünner.

Auch dies ist ein häufiges Phänomen bei hohen Temperaturen und bei mit Weizenmehl angesetztem Anstellgut, wenn dieses nicht häufig verwendet wird. Die Milchsäurebakterien können unter diesen speziellen Bedingungen mehr Essigsäure produzieren als gewöhnlich, welche in einigen Schritten zu Aceton wird. Wenn Sie das Anstellgut erneut mit Mehl und Wasser füttern, vergeht dieser Geruch. Nehmen Sie 5–10 g dieses Anstellguts und geben Sie noch mindestens 30 g Mehl und 30 g Wasser hinzu. Lassen Sie das Glas stehen und wiederholen Sie bei Bedarf den Vorgang.

Ich benötige eine größere Menge Sauerteig oder Ansatz.

Sie haben beispielsweise nur 40 g Anstellgut im Glas, benötigen jedoch 300 g. Nehmen Sie einfach z. B. 35 g Anstellgut und fügen Sie mehr Mehl und Wasser hinzu, bis 300 g erreicht sind. Die Mikroorganismen werden sich vermehren. Die restlichen 5 g füttern Sie erneut z. B. mit 20 g Mehl und 15 g Wasser, lassen sie etwa eine Stunde stehen und stellen sie dann wieder in den Kühlschrank.

Wie viel Anstellgut muss man für den Sauerteig verwenden und wie viel Sauerteig für den Hauptteig?

Die Menge hängt davon ab, wie schnell Ihr Teig aufgehen soll. In der Regel nimmt man 10 bis 30 Prozent Anstellgut für den Sauerteig und dann ebenfalls 10 bis 30 Prozent Sauerteig für den Hauptteig. Für 1000 g Mehl wären das also 100 g bis 300 g Anstellgut oder Sauerteig. Ich selbst nehme zwischen 10 und 30 Prozent, 1 gehäufter Esslöffel aktives Weizenmehl-Anstellgut wiegt etwa 30 g. Wenn Sie eine kleinere Menge verwenden, geht der Teig langsamer auf, bei einer größeren Menge schneller. Es ist besser, einen geringeren Prozentsatz zu verwenden, da sich der Geschmack dann langsam entwickelt. Die Milchsäurebakterien benötigen mindestens 12 bis 24 Stunden für die Entwicklung der aromatischen Verbindungen, die den Geschmack des Brotes verbessern.

Wie kann man die Wirkung des Anstellguts / des Sauerteigs ein wenig beschleunigen?

Wenn es draußen kalt ist oder ich schnell eine größere Menge benötige, behelfe ich mir gelegentlich, indem ich das Anstellgut / den Sauerteig mit warmem Wasser füttere (bis zu 35 Grad) und das Glas bei eingeschaltetem Licht in den Ofen stelle – oder indem ich eine Tasse Wasser in der Mikrowelle erhitze, diese wieder ausschalte und dann den gefütterten Sauerteig dazustelle.

Muss ich bei der Herstellung des Teigs außer dem Sauerteig noch Bäckerhefe hinzugeben?

Nein, denn aktiver Sauerteig sorgt allein dafür, dass der Teig aufgeht. Außerdem können Sie bei Zugabe von Hefe die Milchsäuregärung nicht nutzen, da aufgrund der schnellen Wirkung von Bäckerhefe die Milchsäurebakterien nicht genügend Zeit haben, ihre Arbeit zu verrichten.

Wie viel Wasser muss man z. B. für 500 g Mehl verwenden?

Das hängt davon ab, welches Mehl Sie verwenden. Roggenmehl nimmt mehr Wasser auf als Weizenmehl, Dinkelmehl weniger. Bei Weizenmehl beginnen Sie mit einer etwa 60-prozentigen Hydration, bei Roggenmehl mit einer 68- bis 70-prozentigen Hydration und bei Dinkelmehl mit einer 55-prozentigen Hydration. Auch Vollkornmehlsorten nehmen wegen der enthaltenen Hülsenteilchen mehr Wasser auf als weiße Mehlsorten. Nach der Autolyse wissen Sie am besten, wie viel Wasser das Mehl noch aufnehmen kann, zu diesem Zeitpunkt können Sie auch noch welches hinzugeben.

Muss ich den Teig kneten?

Das Kneten dient der Stärkung des Glutengitters. Wenn das Gluten stark ist, hat das Brot auch eine größere Krume, geht schöner auf und behält seine Form. Man muss nicht unbedingt kneten, aber ohne Kneten wird das Brot kleiner und die Krume wird nicht so schön. Wenn Sie von Hand kneten, dann kneten sie den Teig zwei oder drei Mal für je zwei oder drei Minuten durch. Diese Zeitangaben sind nur Orientierungshilfen. Achten Sie beim Kneten im Mixer darauf, dass Sie den Teig nicht zu sehr kneten, sonst trennt sich das Gluten vom Wasser.

Muss ich den Teig immer dehnen und falten?

Nein, nicht unbedingt, das können Sie auch weglassen. Diese Technik dient der zusätzlichen Stärkung der Glutenverbindungen und der Umverteilung der Nährstoffe beim Aufgehen. Wenn Sie den Teig nach der Autolyse gut durchkneten, zum Beispiel zwei- oder dreimal alle zwei oder drei Minuten, genügt das. Für mehr Volumen, ein besseres Aufgehen und wenn Sie genügend Zeit haben, kneten Sie den Teig noch ein paar Mal.

Ich habe das Anstellgut gefüttert, aber das Brot geht nicht oder nur sehr langsam auf. Stimmt etwas nicht?

War das Anstellgut aktiv und voller Bläschen, bevor Sie den Sauerteig hergestellt haben? Wenn Sie das Anstellgut längere Zeit nicht verwendet haben und / oder es im Kühlschrank stand, füttern Sie es sechs bis zwölf Stunden vor der Verwendung wieder. Vielleicht ist das Anstellgut übersäuert? Füttern Sie es gut. Vielleicht haben Sie im Teig zu wenig Wasser verwendet? Je weniger Wasser Sie verwenden, desto langsamer geht der Teig auf. Auch die Temperatur hat großen Einfluss auf das Aufgehen. Das ist beim Wechsel der Jahreszeiten und beim Absinken der Temperatur am deutlichsten zu beobachten. Schon eine geringfügige Veränderung kann den gesamten Vorgang spürbar verlängern.

Wie weiß ich, wann der Teig ausreichend aufgegangen ist, um ihn zu backen?

Beobachten Sie die Veränderung des Teigvolumens und führen Sie den Fingertest (engl. *poking test*) durch. Drücken Sie Ihren Finger 1–2 cm tief in den Teig. Wenn dieser gerade richtig zum Backen ist, wird das Loch sich langsam, aber nicht vollständig wieder schließen. Heizen Sie den Ofen rechtzeitig vor. Während er vorheizt, können Sie den Teig in den Kühlschrank stellen, damit er fester wird.

Ist der Teig noch nicht ausreichend aufgegangen, wird das Loch sich schnell wieder schließen, in diesem Fall warten Sie noch ein wenig mit dem Backen. Wenn die Vertiefung unverändert bleibt, ist der Teig zu sehr gegoren. Die Glutenverbindungen können das Kohlendioxid nicht mehr halten und beginnen einzusacken. Aber keine Sorge, backen Sie den Teig, er wird gut und schmackhaft sein, obwohl er im Ofen nicht weiter aufgehen kann und möglicherweise ein wenig in sich zusammensinkt oder auseinanderläuft.

Der Teig läuft vor dem Backen auseinander und geht beim Backen nicht auf.

Auch für dieses Problem kann es mehrere Gründe geben oder natürlich eine Kombination aus diesen. Aber der Reihe nach.

Eine der häufigsten Ursachen ist zu viel Wasser im Teig. Geben Sie das Wasser langsam zum Teig hinzu, während Sie ihn anrühren.

Beginnen Sie das nächste Mal mit einer geringeren Menge, nach der Autolyse können Sie immer noch Wasser dazugeben. Vielleicht haben Sie den Teig nicht genügend geknetet und das Glutengitter ist daher nicht ausreichend entwickelt. Kneten Sie das nächste Mal länger. Wenn Sie die Glutenverbindungen ausreichend stärken, nimmt auch das Mehl mehr Wasser auf. Die Stockgare war zu kurz und der Teig konnte nicht stark genug werden, lassen Sie ihn das nächste Mal länger aufgehen. Wenden Sie die Technik des Dehnens und Faltens an.

Sie haben einen hohen Anteil an Vollkornmehl verwendet, das aufgrund der enthaltenen Kleie die Glutenverbindungen auftrennt. Wenn Sie den nächsten Teig herstellen, können Sie das Vollkornmehl einweichen, nach einer Stunde noch Weizenmehl Type 405, 550 oder 812 und noch mehr Wasser beimischen oder bis zu 50 Prozent Vollkornmehl verwenden. Auch Dinkelmehl enthält schwaches Gluten, das dehnbar, aber nicht elastisch ist und daher sehr gerne auseinanderläuft.

Die Menge des verwendeten glutenfreien Mehls (z. B. Maismehl, Buchweizenmehl) im Teig war zu hoch, daher läuft der Teig auseinander, weil kein ausreichendes Gerüst vorhanden ist, um das Aufgehen des Teigs zu unterstützen. Verwenden Sie nur bis zu 30 Prozent solcher Mehle. Sie können sie auch überbrühen. Vielleicht haben Sie zu viele Zusätze (Samen, Körner, Kleie, Flocken usw.) verwendet. Alle diese Zutaten schwächen das Glutengitter. Geben Sie sie dann hinzu, wenn Sie den Teig bereits gestärkt haben. Weichen Sie sie immer über Nacht ein.

Wenn Sie Obst oder passiertes Gemüse zum Teig hinzugegeben haben, kann es aufgrund der darin enthaltenen Enzyme zu einer noch schnelleren Zersetzung des Teigs kommen. Verwenden Sie eine geringere Menge oder geben Sie diese Zutat hinzu, wenn das Glutengitter bereits entwickelt ist.

Das Vorwirken und das abschließende Wirken waren zu schwach. Versuchen Sie das nächste Mal, mehr Spannung auf der Teigoberfläche zu erzeugen. Sie können den Teig auch in eine Backform geben, wenn Sie feststellen, dass er bei diesem Schritt sehr weich ist.

Der Teig war zu sehr aufgegangen. Stellen Sie sich den Teig wie einen Ballon vor: Man kann ihn zu einem gewissen Grad aufblasen, dann platzt er. Wenn Sie feststellen, dass der Teig zu sehr aufgegangen ist, formen Sie ihn noch einmal, lassen ihn erneut aufgehen und backen ihn dann.

Die Stückgare war zu lang, der Teig war zu stark gegoren und die Glutenverbindungen haben begonnen zu zerfallen. In diesem Fall können Sie mehr Mehl und Wasser sowie Salz hinzugeben, das Ganze durchmischen und erneut aufgehen lassen. Beachten Sie jedoch, dass der Teig dieses Mal schneller aufgehen wird. Lassen Sie ihn beim nächsten Backen kürzer aufgehen und vergessen Sie den Fingertest nicht.

Soll ich mich an die angegebenen Zeiten halten oder lieber den Teig beobachten?

Beim Backen mit Sauerteig ist es mit Sicherheit besser, die Uhr zu vergessen und stattdessen zu verfolgen, was mit dem Teig geschieht.

Daher sind alle Zeitangaben in diesem Buch nur als annähernd zu verstehen. Das bedeutet natürlich nicht, dass Sie neben dem Teig stehen und ihn beobachten müssen, da die wilden Hefen und die Milchsäurebakterien langsam arbeiten und genügend Zeit brauchen. Nutzen Sie alle Sinne, beobachten Sie den Teig, betasten Sie ihn, riechen Sie daran, um festzustellen, wie er sich verändert.

Der Teig zerfällt, wenn ich ihn formen möchte.

Sie haben ihn zu lange aufgehen und damit gären lassen und die Enzyme haben die Eiweiße/das Gluten abgebaut, das nun zerfällt. Der Teig hat sich allmählich in einen großen Sauerteigklumpen verwandelt. Sie können versuchen, noch einmal etwas Mehl und Wasser sowie Salz hinzuzugeben und ihn noch einmal durchzukneten. So geht der Teig deutlich schneller auf, daher sollten Sie ihn überwachen.

Das Brot hat sehr gleichmäßige Poren und stellenweise eine sehr geschlossene, feste Krume. Unter der Kruste ist ein großes Loch.

Es gibt mehrere Möglichkeiten. Vielleicht war Ihr Sauerteig nicht aktiv genug. Die Stockgare war zu kurz, eventuell auch die Stückgare. Sie haben den Teig vor dem Backen nicht oder nicht tief genug eingeschnitten und haben ihn in einem zu heißen Backofen mit zu wenig Dampf gebacken.

Das Brot platzt an der Seite auf.

Vielleicht hatten Sie Probleme beim Formen. Der Teig ist zu kurz aufgegangen. Sie haben ihn nicht tief genug eingeschnitten. Der Backofen war zu heiß und hatte am Anfang zu wenig Dampf.

Blasse Kruste

Die Backtemperatur war zu niedrig. Zu wenig Dampf zu Beginn des Backens. Zu kurzes oder zu langes Aufgehen, im Teig sind nicht mehr genügend Zucker für die Maillard-Reaktion und die Färbung der Kruste vorhanden.

Woher weiß ich, dass das Brot gebacken ist?

Je mehr Sie backen, desto besser können Sie beurteilen, wann das Brot aus dem Ofen geholt werden muss. Die Kruste ist schön gleichmäßig braun und fest. Ob das Brot durchgebacken ist, überprüfen Sie einfach, indem Sie daraufklopfen. Wenn es hohl klingt, ist es gebacken. Sie können auch mit einem Küchenthermometer die Temperatur im Inneren messen (etwa 95–100 °C für Brot und etwa 110 °C für Teig mit weiteren Zutaten). Die ungefähre Backzeit für 1000 g Teig beträgt 40 bis 50 Minuten

Warum ist Vollkornbrot so flach und hat eine geschlossene / kompakte Krume?

Vollkornmehl enthält viel Kleie (Teile der Kornhülsen), die scharfe Kanten hat und das Glutengitter beschädigen kann, so dass das Gluten keine längeren Ketten bilden kann. Ich empfehle, die Mehlsorten zu mischen und zu Vollkornmehl mindestens 30 - 50 Prozent Weizenmehl Type 405, 500 oder 812 hinzuzugeben. Das Brot wird noch immer sehr gut schmecken, aber die Krume wird luftiger und weicher.

Das Brot schmeckt so fade, als würde etwas fehlen. Möglicherweise ist es auch blass.

Vielleicht haben Sie das Salz vergessen.

Ich möchte ein wirklich saures Brot backen.

Wenn Sie sauren Geschmack mögen, können Sie diesen noch verstärken, indem Sie für das Anstellgut oder den Sauerteig, der schon ein wenig zusammenzufallen begonnen hat, warmes Wasser (30-35 °C) verwenden und das Brot an einem warmen Ort (30 - 35 °C) aufgehen lassen. Diese Temperaturen sind ideal für die Entwicklung der Milchsäurebakterien, die dann mehr Milch- und Essigsäure produzieren. Sie können den Teig auch für die Stückgare in den Kühlschrank stellen, da niedrige Temperaturen die Bildung von Essigsäure anregen.

Was kann ich tun, wenn ich kein saures Brot möchte?

Verwenden Sie frisches Anstellgut oder einen frischen Sauerteig, noch bevor diese den Höchststand, also den höchsten Punkt erreicht haben, bevor sie langsam zusammenfallen und ihnen die Nahrung ausgeht. Füttern Sie den Sauerteig mehrmals, damit er nicht zu sauer wird und damit das Wachstum der wilden Hefen angeregt wird. Stellen Sie den Teig mit weißem Mehl her, Vollkornmehl gärt schneller und die Milchsäurebakterien produzieren mehr Säure. Verwenden Sie kein zu warmes Wasser. Wenn Ihr Sauerteig sehr aktiv ist und viele Bläschen bildet, können Sie mehr davon verwenden und der Teig geht schneller auf. In diesem Fall können jedoch die Milchsäurebakterien möglicherweise nicht ihre gesamte Arbeit erledigen. Die Stückgare kann im Kühlschrank stattfinden.

Wie stelle ich Brot mit großen Poren her?

Eine weiche und saftige Krume mit großen Poren hängt von mehreren Faktoren ab. Doch grundsätzlich können Sie diese größeren Poren durch geeignetes Mehl (Type 405/550/812, eine kleinere Menge Vollkornmehl), durch eine größere Menge Wasser im Teig (sofern das Mehl sie verträgt), durch ausreichend entwickeltes Gluten im Teig, durch einen sanften Umgang beim Vorwirken und Wirken, durch die richtige Gärung sowie langsames und langes Aufgehen im Kühlschrank erreichen.

Trotz Planung hat sich bei mir zu viel Sauerteig angesammelt.

Sehen Sie sich die Rezepte im Kapitel »Wohin mit zu viel Sauerteig« auf S. 261 - S. 273 an. Sie können Sauerteig in wirklich jedem Gericht zur Geschmacksverbesserung, zum Eindicken usw. verwenden, Ihrer Fantasie sind dabei keine Grenzen gesetzt. Weitere Ideen finden Sie auf S. 274 - S. 276. Sie können ihn auch trocknen, mahlen und für alle Fälle aufheben.

Wie und wo bewahre ich Mehl richtig auf?

Ich selbst bewahre Mehl an einem dunklen und kühlen Ort auf. Da ich es meistens von Bio-Bauern kaufe, friere ich es nach der Ankunft zu Hause für mindestens zwei Tage ein. Wenn Sie das Mehl zu Hause selbst mahlen, versuchen Sie, es immer erst kurz vor dem Anteigen zu mahlen und innerhalb von 24 Stunden zu verbrauchen.

Wie bewahre ich Brot richtig auf?

Wenn ich Brot schneide, lege ich es die ersten zwei Tage mit der ungeschnittenen Seite nach unten auf ein Brett, für gewöhnlich stecke ich es auch in einen Brotbeutel aus Leinen oder Baumwolle. Nach zwei Tagen gebe ich es dann manchmal zusammen mit dem Leinenbeutel noch in einen Plastikbeutel, um ein Austrocknen zu verhindern. Der Kühlschrank eignet sich aufgrund der niedrigen Temperatur nicht für die Aufbewahrung von Brot und beschleunigt dessen Alterung.

Ich werde längere Zeit nicht backen oder werde verreisen und möchte das Anstellgut nicht mitnehmen.

Wenn Sie wissen, dass Sie längere Zeit abwesend sein werden, haben Sie mehrere Möglichkeiten. Zuerst einmal können Sie das Anstellgut vor der Abreise gut füttern und die Hydration (die Wassermenge) stark auf 60 – 70 Prozent reduzieren (einen sehr zähen Teig herstellen), ihn eine halbe bis eine Stunde stehen lassen und dann in den Kühlschrank stellen. Da ein solches Anstellgut weniger Wasser enthält, bewegen sich die Milchsäurebakterien und die Hefen darin auch langsamer und verdauen die Nährstoffe demzufolge auch langsamer.

Sie können das Anstellgut auch mit viel Mehl vermischen und Klümpchen herstellen, die Sie dann im Kühlschrank aufbewahren.

Ich selbst habe einmal versehentlich Sauerteig eingefroren, er hat in einer Ecke des Kühlschranks erfolgreich einen einwöchigen Urlaub überstanden. Als ich nach Hause kam, habe ich ihn zuerst aufgetaut und nach zwei Fütterungen war er wieder einsatzbereit. Je länger er eingefroren bleibt, desto mehr Mikroorganismen sterben ab.

Sie können sich jedoch immer auch einen getrockneten Vorrat schaffen. Wenn das Anstellgut schön aktiv und voller Bläschen ist, schmieren Sie es auf Frischhaltefolie, eine Silikonunterlage oder Backpapier und lassen es an der Luft oder im Backofen bei 30-40 Grad trocknen. Dann zerkleinern Sie es zu Pulver. Dieses Pulver (z. B. 10 g) lösen Sie nach der Rückkehr zuerst in Wasser (30 g) auf, dann geben Sie Roggen- oder Vollkornmehl hinzu (20 g), damit das Anstellgut schneller arbeitet, und noch ein wenig Wasser (20 g). Bei der nächsten Fütterung steigern Sie die Mehl- und Wassermenge, z. B. 30 g Mehl und 30 g Wasser. Nach zwei Mal Füttern sollte das Anstellgut wieder lebendig sein. Andernfalls füttern Sie es noch einmal.

Sie können aber auch jemanden bitten, sich um Ihr Anstellgut zu kümmern und es zu füttern, solange Sie nicht da sind. Stellen Sie für diesen Fall eine Anleitung zusammen.

Ich selbst habe Sauerteig auch nach längerer Anwesenheit noch nie weggeworfen, obwohl er ziemlich schnell neu angesetzt werden kann. Wenn ich in den Urlaub fahre, für gewöhnlich in eine Ferienwohnung, nehme ich das Anstellgut mit, damit mein Mann und ich auch im Urlaub frische Sauerteigköstlichkeiten genießen können.

Wenn Sie trotz genauer Lektüre keine Antwort auf Ihre Frage gefunden haben, lade ich Sie herzlich in die erste slowenische Facebookgruppe über das Backen mit Sauerteig ein, die ich Drožomanija (peka z drožmi) genannt habe. Dort können Sie Ihre Fragen stellen, Hilfe suchen und Ihre Sauerteigwerke und Ihre Begeisterung mit anderen Sauerteigliebhabern und -liebhaberinnen teilen. Sie finden mich auch auf Instagram unter @sourdough_mania und auf der Facebookseite Anita Šumer (@sourdoughmania).

Meine Notizen

Backzeitplan

In diesem Kapitel stelle ich Ihnen verschiedene Backszenarien vor, damit Sie das Backen mit Sauerteig in Ihren Alltag integrieren können. Ich spreche in den Zeitplänen zwar vom Brotbacken, aber es sind damit auch andere Backwaren gemeint. Wenn Sie den geformten Teig in den Kühlschrank stellen, kann er dort auch ein oder zwei Tage warten, außer bei Roggen- und Dinkelmehl, diese beiden Sorten gären sehr schnell, wenn man sie nicht mischt. Wenn Sie mit dem Backen mit Sauerteig beginnen, ist Ihre größte Sorge vermutlich, wie Sie sich die einzelnen Backschritte einteilen.

Ich selbst habe im Laufe der Zeit festgestellt, dass der Kühlschrank mein bester Freund ist, da ich nicht mitten in der Nacht aufstehen und Brot backen oder bis spät in die Nacht aufbleiben muss, bis der Teig backfertig ist. (Obwohl ich lange Zeit auch das getan habe ...) Für alle Backszenarien gelten alle im ersten Teil des Buches beschriebenen Schritte.

Möchten Sie zum Frühstück, z. B. am Sonntagmorgen, frisches Brot haben?

Nehmen Sie das Anstellgut am Freitagabend aus dem Kühlschrank, füttern Sie es gut oder bereiten Sie einen Sauerteig zu. Lassen Sie ihn über Nacht draußen stehen, damit sich das Volumen verdoppelt. Am Samstagmorgen oder -nachmittag rühren Sie den Teig an. Lassen Sie ihn abgedeckt aufgehen, wirken Sie ihn vor und wirken Sie ihn dann noch abschließend. Füllen Sie den Teig in einen Gärkorb oder eine Form und lassen Sie ihn etwa zwei oder drei Stunden im Warmen stehen. Stellen Sie ihn dann in den Kühlschrank. Sehen Sie am Sonntagmorgen nach, wie stark der Teig aufgegangen ist. Wenn es ausreicht, backen Sie ihn direkt aus dem Kühlschrank heraus, anderenfalls lassen Sie ihn noch eine Weile bei Zimmertemperatur stehen.

Brot zum Abendessen, zum Beispiel am späten Dienstagabend?

Nehmen Sie Ihr Anstellgut am Montagabend aus dem Kühlschrank, füttern Sie es gut oder bereiten Sie einen Sauerteig zu. Lassen Sie ihn über Nacht draußen stehen, damit sich das Volumen verdoppelt.

Rühren Sie am Dienstag den Teig an, geben Sie etwas weniger Anstellgut oder Sauerteig hinzu und kneten Sie ihn gut. Decken Sie ihn ab und lassen Sie ihn an einem mittelmäßig warmen Ort aufgehen, damit er bereit zum Wirken ist, wenn Sie von der Arbeit nach Hause kommen. Wenn Sie zurückkommen, wirken Sie den Teig vor und wirken ihn abschließend, lassen ihn in einer Backform oder einem Gärkorb aufgehen und backen ihn am Dienstagabend oder aber auch am nächsten Morgen.

Brot zum Mittagessen, z. B. Mittwoch um ca. 14 Uhr?

Nehmen Sie Ihr Anstellgut am Dienstagmorgen aus dem Kühlschrank und füttern Sie es gut oder bereiten Sie einen Sauerteig zu. Lassen Sie ihn draußen stehen, bis Sie am Dienstagnachmittag von der Arbeit kommen, damit sich das Volumen verdoppelt. Rühren Sie dann den Teig an, lassen Sie ihn im Gefäß aufgehen, wirken Sie ihn vor und dann am Dienstagabend abschließend. Dann können Sie den gewirkten Teig noch zwei oder drei Stunden draußen stehen lassen oder ihn in den Kühlschrank stellen und am Mittwochmorgen herausnehmen, damit er sich bis zum Backen um 13 Uhr noch einmal verdoppelt.

Freitagnachmittagsbrot nach der Arbeit?

Nehmen Sie Ihr Anstellgut am Donnerstagmorgen aus dem Kühlschrank und füttern Sie es gut oder bereiten Sie einen Sauerteig zu. Lassen Sie ihn draußen stehen, bis Sie am Donnerstagnachmittag von der Arbeit kommen, damit sich das Volumen verdoppelt. Rühren Sie dann den Teig an, lassen Sie ihn im Gefäß aufgehen, wirken Sie ihn vor und dann am Donnerstagabend abschließend. Lassen Sie ihn etwa zwei oder drei Stunden stehen. Stellen Sie ihn dann bis zum nächsten Tag in den Kühlschrank. Prüfen Sie am Freitagmorgen, wie weit der Teig im Kühlschrank aufgegangen ist, und lassen Sie ihn bei Bedarf noch etwa eine Stunde draußen stehen. Wenn Sie zur Arbeit gehen, stellen Sie ihn wieder in den Kühlschrank. Wenn Sie wieder nach Hause kommen, können Sie ihn backen, wenn er ausreichend aufgegangen ist, anderenfalls lassen Sie ihn noch ein wenig außerhalb des Kühlschranks stehen, bis er backfertig ist.

Meine Rezepte

TITEL DES REZEPTS: ______________________

____

FÜR EINEN SAUERTEIG BENÖTIGT MAN: ______________________

____

____

____

____

____

FÜR DEN HAUPTTEIG BENÖTIGT MAN: ______________________

____

____

____

____

____

BACKZEITPLAN: ______________________

____

____

____

____

Meine Rezepte

TITEL DES REZEPTS: ______________________________

____

FÜR EINEN SAUERTEIG BENÖTIGT MAN: ______________________________

____

____

____

____

____

FÜR DEN HAUPTTEIG BENÖTIGT MAN: ______________________________

____

____

____

____

____

BACKZEITPLAN: ______________________________

____

____

____

____

Meine Rezepte

TITEL DES REZEPTS: ______________________________

____

FÜR EINEN SAUERTEIG BENÖTIGT MAN: ______________________________

____

____

____

____

____

FÜR DEN HAUPTTEIG BENÖTIGT MAN: ______________________________

____

____

____

____

____

BACKZEITPLAN: ______________________________

____

____

____

____

Meine Notizen

Kleines Wörterbuch

Anstellgut / ASG / Starter - der Stammsauerteig, den Sie im Glas haben und füttern und von dem Sie eine bestimmte Menge für die Zubereitung eines Sauerteigansatzes abnehmen, siehe S. 66

aktives Anstellgut - Sauerteig, der zuvor gefüttert wurde, sich verdoppelt hat und voller Bläschen ist

Autolyse - Selbstzersetzung, Abbau des Teigs durch die eigenen Enzyme

Bäckerprozente - Grundlage für die Mengenberechnung, siehe S. 54

dehnen und falten - Technik, durch die nach dem Anrühren der Teig gestärkt wird. Ein Teil des Teigs wird nach oben gezogen und dann nach vorn gefaltet. Dies wird um den gesamten Rand der Schüssel herum wiederholt

Einschneiden - Technik, bei der mit einem Bäckermesser oder einer Rasierklinge die Teigoberfläche eingeschnitten wird, um das Austreten von Dampf zu ermöglichen, die Kruste zu verschönern und festzulegen, wo sich das Brot öffnet

Füttern des Anstellguts - Hinzugeben von frischem Mehl und Wasser

Gärkorb / Aufgehkorb - Korb für die Stückgare des Brots

gusseisernes Gefäß - Gefäß aus Gusseisen, wenn möglich mit Deckel, das sich zum Backen von Brot eignet, da es gut Wärme speichert und Feuchtigkeit hält

Hydration - Wassermenge im Teig in Bezug auf die Mehlmenge, siehe S. 54

Milchsäurebakterien - Mikroorganismen, die für Milchsäuregärung sorgen und im Sauerteig vorkommen

Sauerteig - gegorene Mischung aus Mehl und Wasser, siehe S. 55 - S. 61

Schablone - Kunststoff- oder Holzvorrichtung zum Gestalten von Mustern auf der Teigoberfläche

Stahlplatte, z. B. Pizza Steel - Platte aus Stahl zum Backen von Broterzeugnissen, für eine gute Wärmeübertragung

Stockgare - Aufgehen in einem abgedeckten Gefäß nach dem Anrühren

Stückgare - das letzte Aufgehen in der Backform oder im Gärkorb

Teigkarte - spezieller Metallspachtel, mit dem der Teig zerteilt werden kann und mit dem man sich auch beim Formen behelfen kann

Ton- oder Schamotteplatte - Platte aus Ton oder Schamotte für das Backen von Broterzeugnissen

wilde Hefen - einzellige Mikroorganismen, die auch im Sauerteig vorhanden sind und ihn zum Aufgehen bringen

Verwendete und nützliche Literatur

Bavec, F.: Nekatere zapostavljene in/ali nove poljščine. Maribor: Fakulteta za kmetijstvo, 2000.

Bogataj, J.: Okusiti Slovenijo. Ljubljana: Darila Rokus, 2007.

Elezebroek, A. T. G. und Koop, W.: Guide to cultivated plants. Cambridge: CABI, 2008.

Grobelnik Mlakar, S.: Agronomske značilnosti, potencialna raba in kakovost pridelka zrnatega ščira, Dissertation. Maribor: Universität Maribor, Fakultät für Agrar- und Biosystemwissenschaften, 2012.

Hadjiandreou, E.: How to Make Sourdough. London: Ryland Peters & Small, 2016.

Hamelman, J.: Bread. Hoboken, New Jersey: John Wiley & Sons Inc., 2013.

Hrovat, M.: Tehnološke osnove proizvodnje kruha. Ljubljana: Tehniška založba Slovenije, 2000.

Hrovat, M.: Mlinarstvo (elektronische Quelle). Ljubljana: Biotehniški izobraževalni center, 2010.

Kocjan Ačko, D.: Pozabljene poljščine. Ljubljana: ČZD Kmečki glas, 1999.

Kocjan Ačko, D.: Poljščine; pridelava in uporaba. Ljubljana: ČZD kmečki glas, 2015.

Kocjan Ačko, D., et al.: Pira, novo odkritje pozabljenega žita. Ljubljana: Ministrstvo za kmetijstvo, gozdarstvo in prehrano, 1998.

Kreft, I.: Ajda. Ljubljana: ČZD Kmečki glas, 1995.

Owens, S.: Sourdough. Boulder: Roost Books, 2015.

Robertson, C.: Tartine Bread. San Francisco: Chronicle Books LLC, 2010.

Slovar slovenskega knjižnega jezika, www.fran.si, Zugriff 10. 8. 2017.

Tanjšek, T., et al.: Koruza. Ljubljana: ČZD Kmečki glas, 1991.

Todorič, I., in Gračan, R.: Specialno poljedelstvo. Ljubljana: Državna založba Slovenije, 1982.

Vombergar, B., el al.: Proso - Millet. Ljubljana: ČZD Kmečki glas, 2016.

Whitley, A.: Do Sourdough Slow Bread for Busy Lives. London: The Do Book Company, 2017.

Wood, E.: World Sourdoughs from Antiquity. Berkely, California: Ten Speed Press, 1996.

Interessante und nützliche Internetseiten

www.sourdoughmania.com

www.questforsourdough.com

www.northwestsourdough.com

www.sourdough.co.uk

www.breadwerx.com

Bezugsquellen

Viele der im Buch erwähnten Lebensmittel sind in gängigen Supermärkten und Naturkostläden erhältlich.

Auch in unserem eigenen Online-Shop www.narayana-verlag.de finden Sie unter der Kategorie „Naturkost" ein großes Sortiment an ausgewählten Produkten sowie Nahrungsergänzungsmittel unserer Eigenmarke „Unimedica" und viele Superfoods.

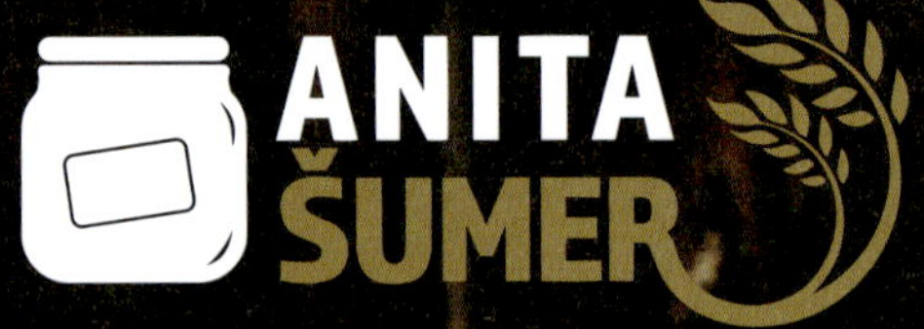

Anita Šumer

info@sourdoughmania.com

www.sourdoughmania.com

Instagram: sourdough_mania

Facebook: Anita Šumer (sourdoughmania)
Facebookgruppe: Drožomanija

Youtube: Sourdoughmania

The forgotten recipe - die Sauerteig-Doku:

SOURDOUGH_MANIA

Index

M

N

P

Q

R

S

T

V

W

Z

SOURDOUGH_MANIA

SOURDOUGH_MANIA
RUDL

Jeff Hertzberg / Zoë François

Glutenfreies Fünf-Minuten-Brot

DIE BACKREVOLUTION MIT 90 KÖSTLICHEN UND EINFACHEN REZEPTEN

316 Seiten, geb., € 29,80

Glutenfreies Backen ist anders als das Backen mit Weizenmehl. Aber es ist kein Hexenwerk! Dr. Jeff Hertzberg und Zoë François haben ihre revolutionäre Fünf-Minuten-Backmethode auf Brote und andere Teigwaren angepasst, die ohne Weizen und belastende Getreidesorten auskommen, und 90 fantastische, glutenfreie Backrezepte mit einfach erhältlichen Zutaten entwickelt. Ziel war es, nicht nur die Lust auf Brot von Menschen zu stillen, die an Zöliakie oder Glutensensitivität leiden. Auch wer Weizen gut verträgt und gern mag, wird mit diesen Broten zufrieden sein. Jedes hier enthaltene Rezept hat den Geschmackstest von Menschen bestanden, die auch traditionelle Brote lieben. Deftiges Bauernbrot, Vollkornbrot, französische Baguettes, Brot aus dem Tontopf, Challah und sogar feines Dessertgebäck wie Brioches, Donuts oder Pekan-Karamell-Schnecken - alles glutenfrei und selbst gemacht!

Miyoko Schinner

Vegane Vorratskammer

111 REZEPTE FÜR EIGENE NUDELN, BROT-AUFSTRICHE, GETRÄNKE UND VIELES MEHR

248 Seiten, geb., € 24,80

Der Vorratsschrank ist das Herzstück einer jeden Küche. Doch wer weiß denn noch, wie man eine Gemüsebrühe kocht oder Joghurt ansetzt - und wer hat die Zeit dazu? Doch was auf den ersten Blick zeitraubend erscheint, ist auf lange Sicht eine echte Zeitsparmaschine. So lassen sich mit vorbereiteten Teigmischungen, Soßen, Tofu und Pasta auch nach einem langen Arbeitstag noch im Handumdrehen leckere vegane, gesunde Gerichte zubereiten. Miyoko Schinner, Kochbuchautorin, Power-Mutter und die unangefochtene vegane Käsepäpstin weiht uns in ihrem neuesten Werk in die Kunst der hausgemachten Vorräte ein. Mit ihren leicht verständlichen Rezepten gelingt es spielend, den Vorratsschrank mit köstlichen veganen Grundnahrungsmitteln zu füllen. Und damit nicht genug: Neben den Klassikern der Speisekammer finden sich auch Rezepte für Gourmetzutaten wie Feigen-Lavendel-Marmelade, Wodkasoße oder Konzentrat für Brokkolisuppe.

Fran Costigan

Vegane Schokolade

UNVERGLEICHLICH KÖSTLICHE UND VERFÜHRERISCHE MILCHFREIE DESSERTS

316 Seiten, geb., € 24,–

Cremig, verführerisch, schokoladig und - vegan? Endlich sind göttliche Schokoladenkuchen, saftige Brownies, raffinierte Trüffel, köstliche Puddings, zartschmelzende Eiscremes und viele weitere unwiderstehliche Versuchungen nur noch ein Rezept weit entfernt. Dieses Buch wird zum kostbaren Schatz aller leidenschaftlichen Schokoladen- und Dessertfans werden. Fran Costigan, die Königin der veganen Desserts, ist die wohl bekannteste vegane Konditormeisterin. Sie ist Perfektionistin und hat über 20 Jahre in ihrer New Yorker Lehrküche damit verbracht, Rezepte so lange zu verfeinern, bis es vegane Meisterwerke wurden. Ergebnis ist dieses Werk, was in seiner Art einzigartig ist. Nach ihrer Erfahrung ist vegane Schokolade noch unverfälschter und intensiver im Geschmack - ganz ohne Milchprodukte, Eier oder weißen Zucker. 120 himmlische und rein vegane Schokoladen-Desserts, die schon beim bloßen Gedanken das Wasser im Mund zusammenlaufen lassen.

Kathryne Taylor

Love Real Food

MIT ÜBER 100 VEGETARISCHEN GERICHTEN DER NR. 1 US-FOODBLOGGERIN

280 Seiten, geb., € 29,90

LOVE REAL FOOD! Niemand versteht es besser, Lust auf natürliche, vollwertige Lebensmittel zu wecken, als das Kochtalent Kathryne Taylor. Sie ist das Gesicht, das hinter Amerikas beliebtestem Food Blog Cookie and Kate steht und präsentiert auf ihre einmalige Art über 100 leicht umsetzbare und unerhört leckere Rezepte, die sich auch in gluten-, milch- und eifreie Versionen verwandeln lassen. Ihr Buch zeigt jedem - egal, ob Vegetarier, Veganer oder Fleischesser -, wie man gut isst und sich gut dabei fühlt. Mit diesem Buch wird das Kochen kreativer, pflanzenbasierter und vollwertiger Gerichte zu Ihrer neuen Leidenschaft werden. Verlieben Sie sich in luftig-lockere Hafer-Zimt-Pancakes und cremigen Cashew-Chai-Latte, in Fettuccine in Cremesauce mit sonnengetrockneten Tomaten und Spinat und viele weitere unwiderstehliche Leckereien. Das besondere Schmankerl dieses Buches ist kein Rezept, sondern Cookie, der karottenverrückte Vierbeiner, der Kathryne schon auf ihrem Blog Cookie and Kate seit Langem die Show und die Herzen ihrer Leserinnen und Leser stiehlt. Kathryne zelebriert vollwertiges Kochen mit Leib und Seele.

Richa Hingle

Richas kulinarische Welt der Aromen

150 VEGANE REZEPTE ZUM GENIESSEN

304 Seiten, geb., € 29,90

Nach ihrem Sensationserfolg Vegane indische Küche hat Richa Hingle die beliebtesten internationalen Delikatessen zusammengetragen und sie mit außergewöhnlichen Aromen in spannende neue Geschmackserlebnisse verwandelt. Ihre einfallsreichen rein pflanzlichen Kombinationsideen werden in jeder Küche zu fantastischen Kreationen. Richas Rezepte bestechen durch ihre ansteckende Kreativität und eine unvergleichliche geschmackliche Vielfalt. Sie sind perfekt für den Alltag geeignet, lassen sich einfach nachkochen und können auch als gluten- und sojafreie Varianten zubereitet werden. Genießen Sie den vollmundigen Geschmack köstlicher Currys, wärmender Aufläufe, phänomenaler pflanzenbasierter Burger und vieler weiterer Wohlfühlgerichte.

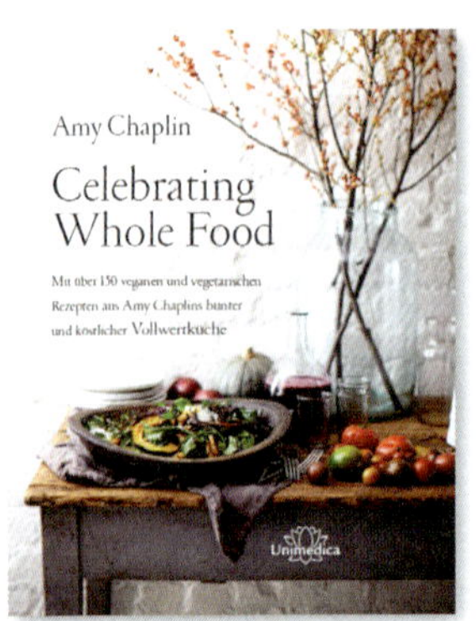

Amy Chaplin

Celebrating Whole Food

MIT ÜBER 150 VEGANEN UND VEGETARISCHEN REZEPTEN AUS AMY CHAPLINS BUNTER UND KÖSTLICHER VOLLWERTKÜCHE

408 Seiten, geb., € 34,-

Frisch, überwiegend pflanzlich, vollwertig, naturbelassen und lecker - so sieht eine ideale Ernährung aus. Die New Yorker Star-Köchin Amy Chaplin steht wie keine andere für die raffinierte Vielfalt einer modernen Vollwerternährung. Ihre 20-jährige Erfahrung als Küchenchefin vieler vegetarischer Restaurants auf der ganzen Welt teilt Chaplin heute gerne mit ihren Kunden, zu denen auch Hollywood-Stars gehören. Diesen bringt sie bei, die heimischen Vorratsschränke mit Getreidesorten, Nüssen, Samen, Kräutern und Gewürzen zu füllen und daraus faszinierende Gerichte zuzubereiten. In dem preisgekrönten Kochbuch Celebrating Whole Food nimmt uns Amy Chaplin in über 150 überwiegend veganen, glutenfreien Rezepten mit auf einen Streifzug durch die facettenreiche Welt der vollwertigen Küche. Von Quinoa-Muffins über feurige Karottensuppe mit Kokosmilch bis hin zu Salat mit gerösteten Kürbisspalten - für ein gesundes, nachhaltiges und unglaublich köstliches Jahr.

Michael Greger / Gene Stone

How Not To Die

ENTDECKEN SIE NAHRUNGSMITTEL, DIE IHR LEBEN VERLÄNGERN – UND BEWIESENERMASSEN KRANKHEITEN VORBEUGEN UND HEILEN

512 Seiten, geb., € 24,80

Die meisten aller frühzeitigen Todesfälle ließen sich verhindern - und zwar, so überraschend es klingen mag, durch einfache Änderungen der eigenen Lebens- und Ernährungsweise. In How Not To Die analysiert Greger die häufigsten 15 Todesursachen der westlichen Welt, zu denen z. B. Herzerkrankungen, Krebs, Diabetes, Bluthochdruck und Parkinson zählen, und erläutert auf Basis der neuesten wissenschaftlichen Forschungsergebnisse, wie diese verhindert, in ihrer Entstehung aufgehalten oder sogar rückgängig gemacht werden können. Darüber hinaus erklärt er auf verständliche und enorm fesselnde, aber stets wissenschaftlich fundierte Weise, welche Lebensmittel besonders wertvoll und gesund für die verschiedenen Organe und Funktionen des menschlichen Körpers sind, und wie diese am besten kombiniert und verzehrt werden können.

Michael Greger / Gene Stone

Das HOW NOT TO DIE Kochbuch

ÜBER 100 REZEPTE, DIE KRANKHEITEN VORBEUGEN UND HEILEN

272 Seiten, geb., € 29,-

Dieses ungeduldig erwartete Kochbuch enthält über 100 Rezepte für köstliche pflanzenbasierte Gerichte, die so gesund sind, dass sie Leben retten. Die verwendeten Zutaten basieren überwiegend auf dem »Täglichen Dutzend« - den Lebensmitteln und Energielieferanten, die am nährstoffreichsten sind und reichlich Abwehrstoffe enthalten. In diesem Buch finden Sie Rezepte für sämtliche Tageszeiten und Anlässe, von leckeren Ideen für Frühstück, Mittag- und Abendessen über Snacks für zwischendurch, Salate, Suppen und Beilagen bis hin zu Desserts oder Getränken. Verführerische Fotos werden Ihnen das Wasser im Mund zusammenlaufen lassen und Lust aufs Nachkochen machen. Das How Not To Die Kochbuch ist eine unverzichtbare Küchenbibel, die die gesündesten Zutaten der Welt in köstlichen und einfachen Rezepten vereint. Essen Sie sich gesund!

Joel Fuhrman

Eat to Live

DAS WIRKUNGSVOLLE, NÄHRSTOFFREICHE PROGRAMM FÜR SCHNELLES UND NACHHALTIGES ABNEHMEN

432 Seiten, geb., € 24,80

Eat to live ist das Grundlagenwerk für gesunde Ernährung. Der amerikanische Erfolgsautor und Arzt *Dr. Fuhrman* stellt damit ein mächtiges Werkzeug zur Verfügung, um dauerhaft Gewicht zu verlieren und die Gesundheit wiederzuerlangen. In den USA ist es ein Dauerbrenner, über 1 Million verkaufte Bücher sprechen für sich. *Joel Fuhrman* zeigt, wie allein mit der richtigen Ernährung Bluthochdruck, Diabetes, Autoimmunkrankheiten, Migräne, Asthma und Allergien dauerhaft geheilt werden können. Mit seinem 6-Wochenplan kann man Heißhungerattacken und Verlangen nach Junkfood hinter sich lassen. Das Geheimnis liegt in der Nährstoffdichte, das bedeutet die Einnahme von viel nährstoffreicher Nahrung. Übergewichtige sind trotz Überernährung meistens damit unterversorgt. Das Buch revolutioniert unser Denken und unsere Essgewohnheiten.

Joel Fuhrman

Eat to Live – Das Kochbuch

ÜBER 200 NÄHRSTOFFREICHE REZEPTE NACH DR. FUHRMANS BAHNBRECHENDEM ERNÄHRUNGSKONZEPT

448 Seiten, geb., € 34,–

Der weltweit renommierte Arzt *Joel Fuhrman* konnte bei über zehntausend Patienten mit seiner nährstoffreichen, vorwiegend pflanzlichen Ernährung eine Vielzahl von chronischen Krankheiten heilen. In seinem Kochbuch präsentiert der erfolgreiche Arzt 200 köstliche und kerngesunde Rezepte: Von fruchtigen Smoothies, knackfrischen Salaten, Frühstücksideen wie Haferbrei mit Blaubeeren und Polenta-Frittata, über cremige Suppen und deftige Eintöpfe, exotische Pfannengerichte, Tempeh mit Pistazienkruste und Auberginen-Cannelloni bis verführerischen Desserts wie Fuhrmans Eiskonfekt oder Pfirsich-Sorbet.

Brendan Brazier

Vegan in Topform

DER VEGANE ERNÄHRUNGSRATGEBER FÜR HÖCHSTLEISTUNGEN IN SPORT UND ALLTAG – DIE THRIVE-DIÄT DES BERÜHMTEN KANADISCHEN TRIATHLETEN

352 Seiten, geb., € 26.–

Brendan Brazier, kanadischer Triathlet und Ironman, ist ein führender Pionier für vegane Ernährung. Er hat die vegane Ernährung revolutioniert und achtet dabei auf eine ausgewogene Kost mit ausreichend Proteinen und anderen Nährstoffen. Hier setzt er auch auf Superfood wie die Andenwurzel Maca, die legendäre Alge Chlorella oder das nahrhafte Hanfprotein. Die Thrive-Diät führt zum Abbau von Körperfett und Aufbau von Muskelmasse, zu Leistungssteigerung, weniger Stress und Heißhunger auf Junkfood, geistiger Klarheit und besserem Schlaf. Mit 100 veganen, gluten- und sojafreien Rezepten, von schnell zubereiteten Energieriegeln, Gels und Drinks über Suppen und Pizza bis zu leckeren Desserts. Mit einem praktischen 12-Wochen-Plan zum Einstieg in die Thrive-Diät.

Chloe Coscarelli

Viva Italia Vegana!

150 VEGANE REZEPTE FÜR PIZZA, PASTA, PESTO, RISOTTO & DIE BESTEN ITALIENISCHEN FAMILIENREZEPTE

296 Seiten, geb., € 24,80

Als Shooting Star der kalifornischen veganen Küche verbindet *Chloe Coscarelli* den Genuss der klassischen „Cucina italiana" ihrer Urgroßmutter mit dem leichten Lebensgefühl der amerikanischen Westküste. 150 Rezepte für Antipasti, Bruschetta, Pasta, Pesto, Crostini, Risotto, Gnocchi, Polenta, Pizza – mit viel Gemüse, frischen Kräutern und raffinierten Tricks, die die üblichen Zutaten wie Parmesan und Carbonara schnell vergessen lassen. Dazu eine üppige Auswahl süßer italienischer Verführungen! *Chloe Coscarelli* ist eine Dessert-Künstlerin. Nicht umsonst ging sie als Siegerin aus den US „Cupcake Wars" hervor. Sämtliche Rezepte verzichten auf Milch und Eier, häufige Allergene bei Kindern und Erwachsenen – zu vielen gibt es gluten-, nuss- und sojafreie Variationen.

Schnellübersicht über

Legende

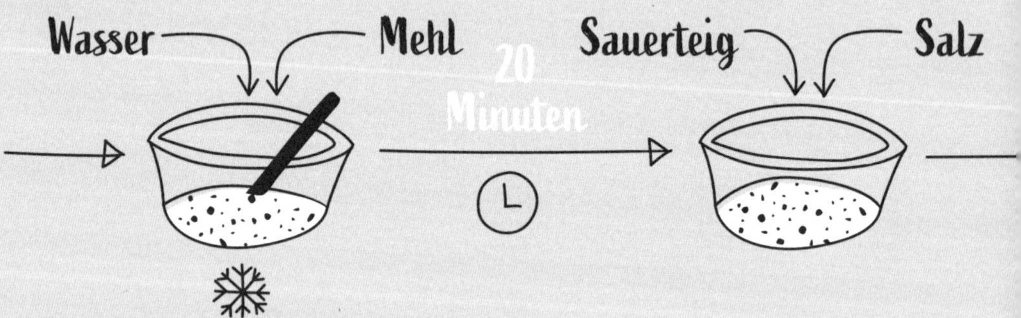

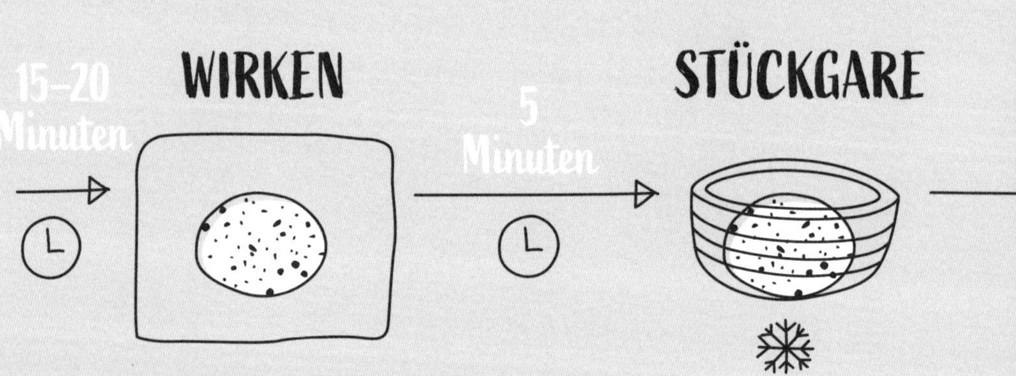